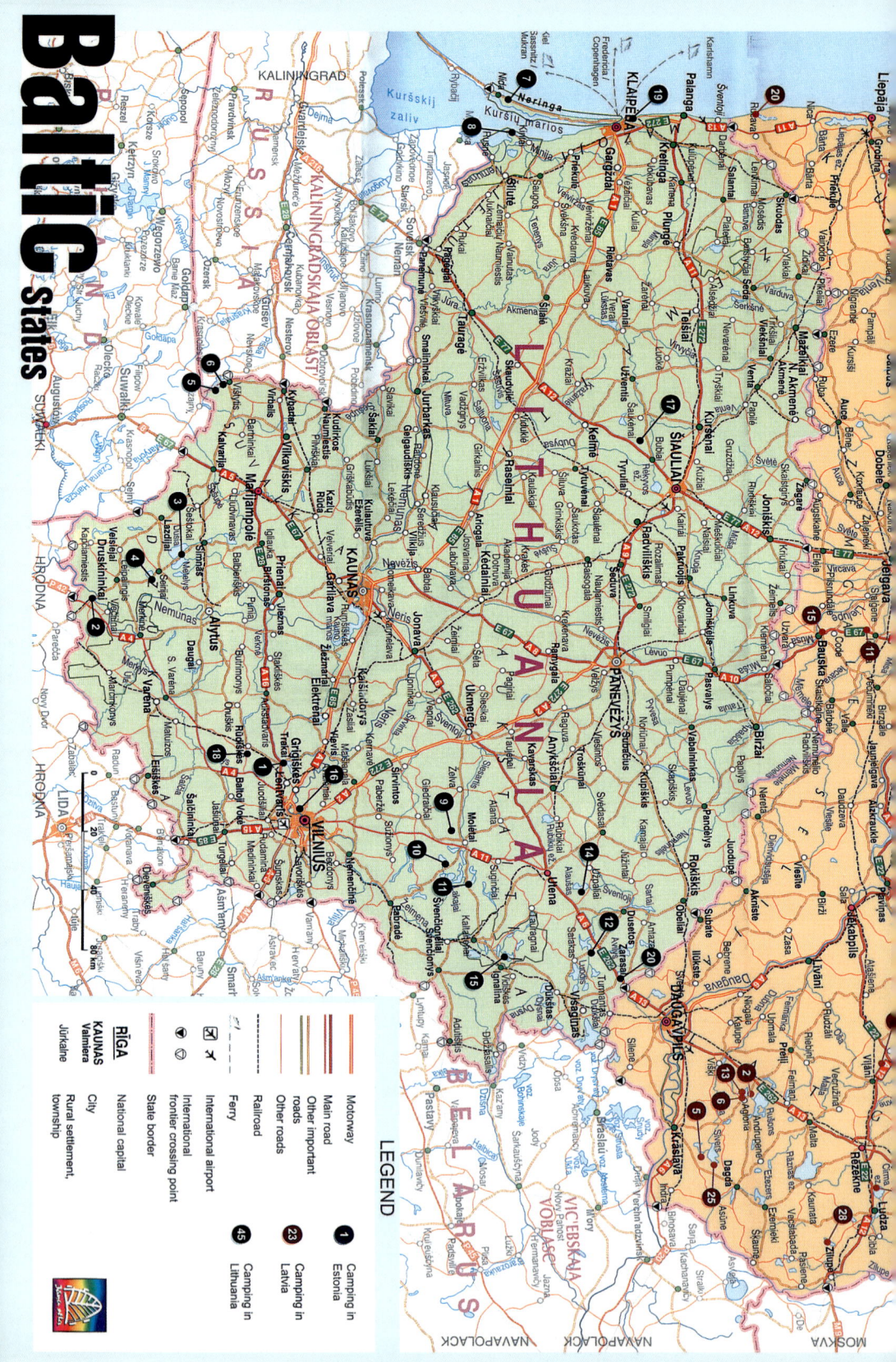

사랑하는 아내와
발트3국 길 위에서 만난 사람들에게 이 책을 바칩니다.

발트3국 그리고 벨라루스에 물들다

펴낸날	초판 1쇄 2010년 12월 25일
	초판 2쇄 2014년 11월 10일

지은이	이한신
펴낸이	서용순
펴낸곳	이지출판

출판등록	1997년 9월 10일 제300-2005-156호
주 소	110-350 서울시 종로구 율곡로6길 36 월드오피스텔 903호
대표전화	02-743-7661 팩스 02-743-7621
이메일	easy7661@naver.com
인 쇄	(주)꽃피는청춘

ⓒ 2010 이한신

값 18,000원

ISBN 978-89-92822-64-0 03980

※ 잘못 만들어진 책은 바꿔 드립니다.

이 도서의 국립중앙도서관 출판예정도서목록(CIP)은 서지정보유통지원시스템 홈페이지(http://seoji.nl.go.kr)와 국가자료공동목록시스템(http://www.nl.go.kr/kolisnet)에서 이용하실 수 있습니다.(CIP 제어번호: CIP 2010004478)

발트3국 그리고 벨라루스에 물들다

글·사진 이한신

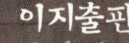

| 추천사 |

서 진 석
라트비아대학교 동아시아지역학부 교수

　우리 쪽에서 보았을 때 유라시아 대륙 정반대편에 놓여 있는 발트3국은 얼핏 우리와 아주 멀어 보이지만 어찌 보면 닮은 점도 아주 많은 나라들이다.
　지리적 식견이 높은 발트3국의 학자들은 나를 처음 만나면 이런 인사말을 건넨다.
　"만일 러시아와 중국이 없다면 한국과 우리는 같은 이웃이 될 뻔했어요."
　발트3국과 대한민국은 어마어마한 대륙을 사이에 두고 있지만 그 사이엔 러시아와 중국 두 나라밖에 없다는, 어찌 보면 두 집만 건너면 도달할 수 있는 이웃사촌 지간이란 말이다.
　하지만 러시아와 중국 두 나라가 다른 동네로 이사를 할 수 있는 가능성은 전무하니, 아직도 우리나라는 발트3국에 가기 위해서 이 두 이웃을 통과해야만 한다.

　발트3국과 대한민국은 지리적으로 이렇게 멀고 실질적으로 교역을 시작한 지도 얼마 되지 않기 때문에 서로 공통분모를 찾아내는 것이 아주

힘들어 보이지만, 사실 그것도 그리 어렵지 않게 찾아볼 수 있다.

한민족 분단이라는 결과를 안겨 준 얄타회담은 발트3국의 독립의지를 묵살하고 소련 연방의 일원으로 편입시켜 그들에게도 비극의 결과를 전해 준 사건이 되었다.

우리가 수십 년간의 역사적 질곡을 거쳐 유엔에 가입하던 당시 에스토니아, 라트비아, 리투아니아 이 세 나라 역시 남북한과 같은 날 유엔에 가입하여 우리의 건재함을 전 세계에 동시에 천명했다.

이처럼 우리는 그들과 함께 현대사에서 가장 중요한 순간을 두 번이나 함께 겪었다. 이뿐만 아니라 우리의 수천 년 질곡의 역사 속에서 자연스럽게 다져져 한민족의 심정을 어루만진 한(恨)의 정한과 비슷한 정서가 그들에게도 남아, 그들의 아픈 과거를 합창과 민요로 승화시키고 끝내 피 흘림 없는 독립을 이룬 원동력이 되었다.

한국과 발트3국

우리는 에스토니아, 라트비아, 리투아니아 이 세 나라군을 발트3국이라고 뭉뚱그려 말하지만, 정작 이 세 나라 사이에는 같은 점보다 다른 점이 더 많다.

일단 세 나라 사람들은 서로 다른 언어를 사용하여 영어나 러시아어 같은 제3국의 언어가 거의 통하지 않으며, 자국의 언어만을 사용해서 이웃 나라 사람들과 이야기하는 것은 불가능하다. 게다가 라트비아어와 리투아니아어는 인도유럽어족에 속하는 한 가지 언어군을 이루고 있지만, 에스토니아는 일반적으로 유럽어와는 전혀 다른 독특한 언어를 사용한다.

 게다가 폴란드를 중심으로 한 슬라브 문화의 영향이 두드러지는 리투아니아와는 달리 에스토니아와 라트비아는 독일 문화권의 흔적이 많이 나타나며, 역사적으로 리투아니아는 중세 시대 중동부 유럽을 호령하는 대공국을 건설한 바 있는 반면 에스토니아와 라트비아는 변변한 주권국을 이루지도 못했다. 그 외에 문화적·종교적으로 이 세 나라에서 보이는 차이는 실로 엄청나다.

 그런데 어떤 연유로 이 세 나라는 현대사의 한 배를 타게 되었을까.

 수많은 역사적 질곡과 풍랑 속에서 이 작은 민족들은 어떻게 해서 자신들의 언어와 문화를 지켜낼 수 있었을까.

 특별한 지하자원도 산업기반도 없는 이 나라 사람들은 어떻게 '동유럽의 호랑이'라는 명성을 얻을 정도로 급속한 경제발전을 이룰 수 있었을까.

 발트3국은 보면 볼수록 궁금한 점이 샘솟듯 솟아나는 지역이다.

 이것은 앞으로 한국인들이 이 나라에 관심을 가지고 더 많은 연구를 시작할 때가 되었다는 말이기도 하다.

 지금 우리가 알고 있는 것만큼 발트3국을 평가하는 것은 큰 오산이다.

 이런 배경에서 여행가 이한신 형이 쓴 이 책은 여러 모로 쓸모가 많을 것이라 믿어 의심치 않는다.

 우선 형은 생활하는 모습에서 걸쭉한 여행자의 풍미가 풍겨 나온다. 대대로 이어온 전통 한옥 집안 곳곳에 배어 있어 들어갈 때부터 찐득하게 풍겨 나오는 구수한 육수가 코끝을 스치는 순댓국집처럼 말이다.

그에게선 고풍스러운 빌뉴스 구시가지 건물 안에서 수백 년 묵은 곰팡이들이 만들어 내는 그 묘한 향기처럼 그렇게 여행자의 모습이 곳곳에서 풍겨져 나온다.

그냥 한가롭게 버스를 타고 다니면서 가이드의 뒤를 졸졸 따라다니는 그런 여행가가 아니다. 사람의 발길이 닿지 않은 곳에 일부러 길을 내가며 갈 수 있는 데까지 가 봐야 직성이 풀리는 그런 '독종 여행가' 말이다.

하지만 우리가 단 몇 퍼센트 정도만 알고 있는 그런 '독종 여행가' 이한신 형이 보고 느낀 발트3국은 과연 어떤 모습일까.

아직 한국인들이 많이 알지 못하는 곳.

그나마 몇 개의 도시 이름만 알려져 있는 곳.

그렇게 아직 한국인들의 발길이 닿지 않은 곳이 대부분인 이 지역에서 이한신 형이 길을 내어 찾아가 만난 그곳 사람들은 대체 어떤 모습으로 살고 있을까.

과연 그 형의 눈에 보이는 사실 이외에 그 사람들과 소통하며 함께 울고 웃을 때 드러나는 보이지 않는 실체를 올바로 이해하고 글로 옮길 수 있었을까.

솔직히 이한신 형이 발트3국에 대한 책을 출판하겠다고 말을 꺼냈을 때 고개를 갸우뚱했던 것도 사실이다. 하지만 알면 알수록 형이 한국 최초로 나오는 발트3국 여행기를 펴내기에 아주 적합한 사람이라는 확신이 들었다.

이번에 세 번째 출간하는 발트3국 여행기도 그렇지만, 첫 번째의 중앙아시아 여행기와 두 번째의 카프카스 여행기도 한국 사람으로는 처음으로 출판했다. 장대한 옛 소련 지역을 하나하나 밟아 보고 정리한 것이다.

또한 형은 어떤 지역이건 한 곳에 치우친 관점으로 보지 않으며, 면적과 생산성 인구 등만을 기준으로 해서 지역의 가치를 평가하는 일도 없고, 사진만 찍고 어느 곳을 다녀왔다고 우겨대는 여행자들의 말도 안 되는 배짱은 더더욱 없다.

게다가 이 책은 발트3국에서 오랫동안 공부하고 교육에 몸담고 있는 내가 직접 감수를 한 책이라 이미 한번 검증을 거쳤다고 할 수 있다.

누군가는 해야 하는 일이고 그 일을 이한신 형이 한다고 하면 그보다 더 나은 일은 없으리라 본다. 차라리 내 일을 대신 해 주는 것 같아 고맙기까지 하다.

이한신 형이 이 책을 통해서 탄탄히 다져간 이 오솔길에 한국과 발트3국을 오가는 많은 나그네들의 발길이 이어지길 기대해 본다.

| 서문 |

발트3국은 발트 해 동쪽 옛 소련에 속해 있던 에스토니아, 라트비아, 리투아니아 세 나라를 말한다.

소련이 무너지면서 열다섯 개 독립공화국으로 분리되었는데, 옛 소련의 대부분을 그대로 이어받은 맏형격인 러시아를 비롯해 중앙아시아의 다섯 공화국인 카자흐스탄, 키르기스스탄, 타지키스탄, 우즈베키스탄, 투르크메니스탄과 남카프카스공화국인 아제르바이잔, 아르메니아, 그루지야 그리고 지금의 러시아 서쪽에 위치한 벨라루스, 우크라이나, 몰도바와 함께 열다섯 개 독립공화국을 이루었던 발트3국은 1,2차 세계대전 때 독립 국가를 유지하고 있었던 것이 다른 열두 개 공화국과 다른 점이다.

또한 옛 소련 시절에는 발트 해 연안 공화국으로 2차 세계대전 이전의 핀란드와 함께 발트4국으로 불리기도 했는데, 문화 지리적으로 동유럽보다는 북유럽에 가깝다.

발트3국은 면적을 모두 합해도 러시아의 100분의 1에 불과하다. 발트 지역의 동쪽은 대부분 러시아와 국경선을 맞대고 있고, 특히 리투아니아는 서남쪽에 있는 러시아 영토 칼리닌그라드와도 국경선을 맞대고 있다. 그러나 옛 소련 연방공화국 중 가장 소득 수준이 높고 민주화에 대한 높은 열망 때문에 고르바초프의 개혁정책에 제일 먼저 깃발을 들어 옛 소련 연방 해체의 원인을 제공하기도 했다.

그래서 고르바초프가 개방개혁 정책을 펼 때, 1989년 8월 발트3국의 2백만 명의 시민들이 에스토니아 탈린에서부터 리투아니아 빌뉴스까지 인간 사슬을 만들어 해방의 노래를 부르며 분리 독립을 요구하던 모습이 알려져, 전 세계에 발트3국의 독립에 대한 강한 이미지를 심어 주었다.

경제 수준이 가장 높았던 *에스토니아*

에스토니아는 다른 발트 민족과 달리 핀란드계이며 3국 중 북쪽에 있는 가장 작은 나라다. 동쪽에는 러시아, 서쪽에는 발트 해와 리가 해협이 있고, 남쪽에는 라트비아, 북쪽에는 핀란드 해협이 있으며, 핀란드 해협 80km 건너에 헬싱키가 있다.

이웃 핀란드와는 민족적으로 같은 아시아계이며 언어도 우랄어 계통의 발트-핀어에 속해 형제 국가와 다름없다. 덴마크, 네덜란드, 스위스와도 비슷한데 근해엔 800여 개, 국내엔 1,520개의 섬을 가지고 있고, 전 국토의 10%가 섬이며 5%가 호수다. 수도 탈린에는 12세기에 건립된 중세풍의 건축물이 자그마치 4,500여 개에 달한다.

옛 소련 시절 최대 중공업 단지가 있어 도농 간의 생활수준이 비슷했고, 당시 경제 수준이 가장 높았다. 그래서 옛 소련 공화국 중 최초로 1992년 6월 루블권을 이탈하여 독자 통화 화폐인 크룬(kroon)을 발행했다.

리보니아의 스위스 *라트비아*

라트비아는 발트3국 중 가운데에 위치한 나라로 경치가 아름다워 '리보니아의 스위스'라 불린다. 리보니아란 라트비아와 에스토니아의 옛 호칭으로 13-16세기 당시에 독일 기사단이 지배를 했던 발트 해 전역을 말한다.

수도 리가에는 라트비아인보다 러시아인이 더 많아 보이지만, 거리 분위기는 슬라브풍보다는 게르만풍에 가깝다. 리가 구시가지의 오래된 고딕 양식들은 모두 북방 독일계의 영향을 받은 듯하다.

1941년 독일이 옛 소련을 침공해 라트비아를 잠시 점령했을 때, 라트비아인들은 나치를 그들의 해방자로 생각해 독일 군대에 지원했지만, 나치는 그 대가로 라트비아의 유대인 9만 명을 처형한 슬픈 역사를 갖고 있다.

이보다 일년 전인 1940년에는 옛 소련에서 숙청이 감행되면서 라트비아인 3만 5천 명이 사형, 망명, 추방을 당하기도 했다. 2차 세계대전 당시에는 45만 명이, 스탈린 치하에서는 17만 5천 명이 사형 또는 강제 추방되었다.

라트비아의 뼈저린 역사는 예전에 같은 나라였던 터키의 아르메니아 대학살을 연상시킨다. 그래서인지 지금도 20만 명이 넘는 라트비아인들이 호주나 캐나다, 독일 서방국가에 살고 있다.

라트비아의 명물은 광택이 나고 투명한 황갈색 호박(琥珀)이다. 그리고 국토 10분의 1이 해수면보다 낮은 라트비아의 매력적인 해안 도시 수도 리가는 수많은 여행자들을 유혹하기에 충분하다.

유럽과 러시아를 잇는 *리투아니아*

    리투아니아는 발트3국 중 맨 아래에 있고, 북유럽의 영향을 많이 받은 다른 발트국보다 슬라브 문화가 강한 곳으로 인종적으로 단일국가다.
    우리나라 남한보다 약간 작지만, 발트3국 중에는 인구와 영토가 가장 많고 넓다.
    '해안의 토지'라는 뜻을 지닌 리투아니아는 대부분 평지와 습지로 되어 있으며, 4천여 개의 호수가 있는 깨끗한 자연환경과 아름다운 경치로 유명하다.
    또한 공업지역인 에스토니아, 라트비아와는 달리 전통적인 농업국이며, 벨라루스와 더불어 유럽 대륙과 러시아를 잇는 육상 교통의 요충지로 철도와 도로망이 잘 갖춰져 있다.
    1989년 프랑스 국립 지리연구소 과학자들이 유럽의 지리적 중심지를 발표했는데, 당시 옛 소련의 서부지역인 리투아니아의 수도 빌뉴스에서 북쪽으로 26km 떨어진 푸르누시케이라는 조그마한 마을이 유럽의 중심지로 선정되었다.
    아이러니하게도 세계에서 자살률이 가장 높은 나라가 리투아니아다. 음주 때문이다.

숲과 호수의 나라 벨라루스

벨라루스는 러시아, 우크라이나와 함께 옛 소련 슬라브 3개 공화국을 이룬 제일 작은 나라로, 한반도보다 약간 작다.

벨라루스는 비옥한 토지와 목초지가 넓게 펼쳐져 있고 1만 1천여 개의 호수와 2만여 개의 강이 흐르는 천혜의 자연을 가진 숲과 호수의 나라다.

벨라루스는 백러시아란 뜻으로 13세기 몽골 지배 하에 있던 동부지방을 흑러시아라 부르고 독립을 유지한 서부를 백러시아라 불렀다. 다른 한편으로는 벨라루스인들의 모발과 피부가 유난히 희다 하여 백러시아인이 되었다는 말도 있다.

벨라루스는 두 개의 문명과 문화 그리고 두 개의 사상이 교차하는 지점으로 완충지대 역할을 하는 유럽의 교통 요지 국가지만, 역사적으로 국제 정치의 희생양이 되었고 전쟁터가 되었다.

2차 세계대전 때는 인구 3명 중 1명이 죽고 모든 도시가 폐허가 되었으며, 9천 개의 마을이 불타 버렸고 주민 38만여 명은 독일로 끌려갔다. 독일군에 의해 돌멩이만 남을 정도로 완전 초토화되고 전체 인구의 3분의 1이 죽었지만, 스탈린의 지시에 따라 새로운 도시를 건설하여 내륙국가의 기능을 잘 소화하고 있는 민스크는 옛 소련 열다섯 독립 공화국 수도 가운데 가장 도시 계획이 잘 되어 있다.

1986년에는 우크라이나에서 발생한 체르노빌 원자력 발전소 폭발사고로 방사능 낙진 70%가 벨라루스에 떨어져, 영토의 23%에 해당하는

4분의 1이 방사능에 오염되어 수많은 국민들이 당사국인 우크라이나보다 더 큰 상처를 입었던 민스크가 옛 소련과 유럽을 잇는 국제적인 중심지로 잡아가고 있다.
　리투아니아와 함께 전통적인 농업국인 벨라루스 사람들은 무척 온건하고 이성적인 품성을 지녔다.

　러시아 하면 잔인한 마피아와 독한 보드카와 칼바람 부는 추위가 생각난다. 그런가 하면 무한한 에너지 자원과 첨단 과학기술이 발달한 잠재력이 풍부한 나라다. 또한 차이콥스키와 도스토옙스키 그리고 푸시킨과 톨스토이 같은 대문호가 탄생한 나라다.
　2011년 가을이 되면 옛 소련이란 나라가 지도에서 사라진 지 만 20년이 된다. 지구 육지 면적의 6분의 1을 차지하고 미국의 약 2.4배, 중국의 약 2.3배, 영국의 약 100배, 남미 대륙 전체보다 크며 아프리카 전체 대륙보다는 약간 작은 면적을 가진 세계 최대의 공산주의 연방 국가이자 120개 이상의 소수 민족들이 얽히고설켜 수세기 동안 살아온 옛 소련. 70여 년 동안 미국과 함께 지구촌을 양분하는 거대한 산맥으로 군림했지만 1980년대 말 자유화의 물결에 휩쓸려 이제는 열다섯 개의 독립 공화국으로 분리되어 지구상에서 사라져 버린 옛 소련 땅을 여행하기 시작한 지 나 또한 13년이 되었다.
　동서 길이 약 1만km, 남북 길이 약 5천km, 그리고 동쪽과 서쪽과의 시간차가 11시간이나 나는 광활하고도 무한한 대륙의 길을 따라 왜 여행을 했는지, 짧지 않은 세월을 그곳에 바쳤지만 무한 대륙의 광활함을 상상하기에는 아직까지도 어렵고 부족한 것이 많다.

세계에서 가장 불행한 나라 5개국을 꼽으라면 러시아, 라트비아, 리투아니아, 벨라루스, 불가리아를 드는데, 그 이유는 가난 때문이 아니라 급격한 체제 변화 이후 높은 기대에 비해 현실이 따라가지 못하자 실망이 커져 행복지수가 오히려 아프리카의 빈국보다도 못하다고 한다. 그래도 이번 여행에서 불행한 5개국 중 4개국을 돌아본 나는 한없이 행복하다.

끝으로 이 책이 나오기까지 많은 도움을 준 발트3국의 길 위에서 만난 친구들과 발트3국에 관한 한 대한민국 최고인 서진석 후배에게 진심으로 감사한다. 그리고 2007년 〈중앙아시아, 마지막 남은 옴파로스〉와 2008년 〈숨겨진 보물, 카프카스를 찾아서〉에 이어 세 번째 〈발트3국 그리고 벨라루스에 물들다〉를 출판해 준 이지출판사 서용순 대표에게 거듭 감사의 말씀을 드린다.

2010년 12월
이한신

| 차례 |

4   추천사
9   서 문

 **제1장 시베리아 횡단열차를 타고**

속초를 출발하며 _ 20   자루비노에서 블라디보스토크로 _ 23
3등석 쁠라치까르따를 타고 _ 24   세 번째 큰 도시 크라스노야르스크 _ 33
여행이 주는 선물 _ 36   아시아 중앙에 있는 키질에서 _ 40
하카스공화국의 아바칸으로 _ 43   모든 기차시간은 모스크바를 기준으로 _ 46
스베르드로브스크에서 _ 49   타타르의 수도 카잔 _ 52
카잔에서 사라토프로 _ 58   문화와 교육의 도시 사라토프 _ 60
동계올림픽이 열리는 소치 _ 64   끝없이 펼쳐진 흑해를 따라 _ 68
공업도시 크라스노다르 _ 70   고풍스런 로스토브 노 도누 _ 75
흑해와 아조프 해를 거쳐 볼고그라드로 _ 78   추억의 일등석과 금발 아가씨 _ 84
유럽의 관문 상트페테르부르크를 떠나며 _ 89

 **제2장 동화 속 나라 같은 에스토니아**

에스토니아 나르바에서 _ 95   유서 깊은 라크베레 _ 100
덴마크 사람들이 세운 수도 탈린 _ 105   차이콥스키가 머물던 합살루 _ 120
패르누와 빌랸디 _ 126   교육의 도시 타르투 _ 134
에스토니아를 지나 라트비아로 _ 141

제3장 풋풋한 첫사랑 같은 라트비아

라트비아 수도 리가에서 _ 148
벤츠필스 그리고 쿨디가 _ 170
항구도시 리에파야 _ 180
리투아니아 팔랑가로 _ 188

제4장 어릴 때 뛰놀던 뒷동산 같은 리투아니아

리투아니아 최고의 휴양지 팔랑가 _ 192
적막감이 도는 클라이페다 _ 196
샤울레이와 돼지고기볶음밥 _ 210
도시 탄생 506년을 맞은 파네베지스 _ 217
제2의 도시 카우나스 _ 225
리투아니아의 수도 빌뉴스 _ 240

제5장 귀족의 미망인 같은 벨라루스

수도 민스크에서 _ 274
우크라이나 수도 키에프로 _ 292

이번에도 약 3만km를 기차를 타고 달렸다. 13년 동안 옛 소련 공화국을
여행한 시간들을 합하면 적어도 20만km는 기차여행을 했을 것이다.

제1장

시베리아 횡단열차를 타고

속초를 출발하며

속초와 자루비노를 오가는 동춘호

다시 혼자 여행을 떠나는 내게 걱정 반 격려 반이 섞인 아내의 눈길을 뒤로 하고 속초행 고속버스에 올랐다.

늘 든든한 나의 후원자지만 아내에게 모든 걸 맡기고 떠나려니 미안하기도 하고 고맙기도 하다.

오후 6시 속초항을 떠나는 여객선 동춘호를 타고 17시간을 달리면 약 290해리(약 540km) 떨어진 러시아 자루비노 항구에는 다음날 오후 1시경이 되어야 도착한다.

자루비노는 엔지니어 이반 이바노비차 자루비나의 이름을 따서 명명하였다는데, 속초와 정기여객선이 운행되고 있다. 시차는 속초보다 2시간이 빠르다.

지금부터 이 블라디보스토크 기차역을 출발하여 시베리아 횡단열차 여행을 시작한다.

　배 안에는 여행자는 보이지 않고 대부분 중국과 러시아를 오가는 보따리상들뿐이다. 이곳에서 만난 훈춘에서 사업을 하는 사람들이 자랑을 늘어놓는다. 한국 돈으로 집도 사고 가정부도 얼마든지 구할 수 있다고. 허-참!

시베리아 횡단열차 6인승 쁠라치까르따 내부

자루비노에서 블라디보스토크로

다음날 오후 1시, 장대비가 쏟아져 내리는 자루비노에 도착했다.
배 시간에 맞춰 하루에 한 번 오는 대형버스를 타고 러시아 해군의 태평양 함대 기지가 있는 항구도시이자 동쪽 끝자락인 블라디보스토크로 이동했다.
루블이 없어 미니버스 기사에게 100달러짜리 지폐를 내밀며 바꿔 줄 수 있느냐고 물으니, 공식 환율은 1달러에 31루블인데 3,500루블을 준다. 후하게 쳐준 것이다. 버스비는 350루블.

4시간을 달려 블라디보스토크에 내렸으나, 하늘에 구멍이라고 난 듯 비가 줄기차게 쏟아져 내린다.
블라디보스토크는 구한말부터 한인들이 많이 이주하여 1937년 중앙아시아로 강제 이주될 때까지 고려인이 신한촌을 이루고 살아온 역사의 땅이다.
시베리아 횡단철도의 시발점이자 '동방을 정복하라'는 뜻을 가진 이곳 블라디보스토크에서 여행 첫날밤을 보낸다.

3등석 쁠라치까르따를 타고

이제는 아예 양동이로 들이붓듯 비가 내린다. 그러잖아도 음산한 블라디보스토크에 계속해서 비가 내리니 더 칙칙하고 을씨년스럽다.

준비해 간 비옷을 입고 블라디보스토크 기차역으로 향한다. 하지만 비에 흠뻑 젖어 버렸다.

이번 여행에서 첫 번째로 가 보고 싶은 투바공화국의 키질에 가기 위해 크라스노야르스크행 기차표를 예매했다. 양쪽에 3층 침대가 있는 6인승 쁠라치까르따.

모스크바 시간으로 오후 2시 42분.

모스크바와 블라디보스토크는 7시간 차이가 난다. 모스크바가 더 느리다. 그러니 블라디보스토크 시간으로 저녁 9시 42분에 떠난다.

땅덩어리가 큰 러시아를 여행할 땐 시차가 무척 심하기 때문에 각별히 신경을 써야 한다.

우리에게는 생소하지만 시베리아 횡단열차 한 칸에 하나씩 있는 페치카는
늘 뜨거운 물이 나와 커피나 라면, 간단한 죽을 따스하게 먹을 수 있다.
양치질이나 세수는 화장실에서 해야지 이 페치카에서는 할 수 없다.

시베리아 횡단열차

밤새 3등석 2층 침대에 누워 자다 깨다를 반복한다. 아침 6시가 되자 창밖이 부옇게 밝아온다. 문득 집 생각이 난다. 아내는 지금 이 시간 눈코 뜰 새 없이 바쁘게 움직이고 있을 것이다.

그런데 지금 나는 느긋하게 여행자의 아침을 맞고 있다. 조금 미안한 생각이 든다. 하지만 이번 여행의 목적을 이해하고 기꺼이 후원해 준 아내. 정말 고맙다.

역마다 20여 분 정차할 때마다 플랫폼에서 열리는 벼룩시장에는 별의별 것들이 다 있다. 손수 만든 것들과 손때가 묻은 낡은 물건들까지 늘어놓았다. 소박한 그 풍광이 정겹기만 하다.

칸마다 양쪽에 있는 화장실은 늘 붐빈다. 그래서 며칠씩 가야 하는 기차여행에는 생리조절을 잘 해야 한다. 나는 아침과 점심은 넉넉하게 먹고 저녁은 간단하게 때우는 편이다.

마침 식당 칸에서 점심을 먹는데 건장한 러시아 청년 둘이 캔맥주를 사면서 한국과 러시아의 우정의 표시로 시계를 바꾸자고 한다.
서로 차고 있던 시계가 싸구려였기에 다행이다. 나 원 참!

밤 10시에 도착한 벨로고로스크역은 아직도 훤하다.
내 손에는 전 푸틴 대통령의 최측근이며 러시아 연방 극동지구 전권대리인을 지냈고 1994년 체첸공화국과의 내전 당시 임시통합군 사령관을 지낸 콘스탄틴 보리소비치 풀리코프스키가 쓴 책이 들려 있다.

김정일 국방위원장이 당시 푸틴 대통령을 만나러 시베리아 횡단열차를 타고 모스크바 크렘린으로 향할 때 24일간 수행하면서 보고 느낀 기록이다.

블라디보스토크에서 노보시비리스크로 가는 시베리아 횡단열차에서

김정일의 독백 가운데 이런 대목이 있다.

"나는 전 세계의 비난의 대상이다. 그러나 모두가 나를 비난한다 해도 정녕 나는 올바른 길을 가고 있다고 생각한다. 내겐 외교관이 될 자질이 없다. 그것은 외교관들은 검은 것을 희다고 하고 맛이 없어도 맛있다고 할 수 있어야 하는데, 나는 항상 직설적으로 말하기 때문이다."

1891년 시베리아 개발과 극동의 군사강화를 꾀하기 위해 만들기 시작한 시베리아 횡단열차.

1904년에 개통되어 블라디보스토크에서 모스크바를 매일 운행하고 있는 세계에서 가장 긴 철도로 무려 9,288km에 달한다.

서로 다른 특성을 가진 지역들이 동서로 길게 펼쳐진 국토를 하나로 통합시키는 데 가장 중요한 것은 교통이며, 그로 말미암아 탄생한 것이 바로 시베리아 횡단열차다.

블라디보스토크에서 출발하여 종착역 모스크바에 도착하기까지 70여 개의 역에 정차하며 6박7일을 밤낮으로 달린다.

아시아 대륙의 동쪽 끝 블라디보스토크를 출발하여 하바롭스크와 바이칼 호수를 남으로 끼고 이르쿠츠크와 크라스노야르스크, 노보시비리스크, 옴스크, 예카테린부르크, 페롬, 야로슬라블, 모스크바에 이르기까지 지구를 반 바퀴나 휘감아 도는 장대한 철도길이다.

여행을 꿈꾸는 사람이라면 누구나 이 기차를 타고 여행을 떠나고 싶을 것이다.

기차여행을 하면서 질리도록 먹을 러시아 수프인 보르쉐와 쌀리앙카 그리고 양고기 샤슬릭

30 발트3국 그리고 벨라루스에 물들다

나는 지금 누구나 꿈을 꾸는 이 기찻길 위에 있다.

새벽 2시 치타 역에 도착하자 우리와 무척 흡사한 브랴트 사람들이 기차 안을 꽉 메운다.
만주리안 횡단열차와 만나는 치타 역은 우리에게 낯익은 블라디보스토크나 하바롭스크보다 오히려 활기차다. 중국과 몽골, 러시아의 보따리상들이 부지런히 오가기 때문이다.
치타 역에서 10시간을 더 달려 울란우데 역에 도착하니 이제는 우리와 쌍둥이 같은 몽골 사람들이 또 한 무리 올라온다. 아무리 살펴봐도 우리와 무척 닮았다. 정말 똑같다.

점심을 먹으면서 맥주를 마시는데 두 녀석이 말을 걸어온다. 한 녀석은 우즈베키스탄 페르가나가 고향인데 러시아에서 일을 하고 크라스노야르스크에서 국제 열차를 타고 집으로 가는 중이란다.
내가 페르가나를 여러 번 여행했다고 하니 믿기지 않는 모양이다.
네가 나를 어찌 알겠니!

시베리아의 검은 진주인 그 유명한 바이칼 호수를 끼고 울란우데에서 이르쿠츠크까지 10시간을 달리자, 바이칼의 명물인 '오물'을 파는 아주머니들이 장사진을 이루고 있다.
어른 팔뚝만한 오물 네 마리가 보통 200루블이니 6달러 정도 한다. 일반 생선보다 몇 배나 비싸다. 오물을 안주삼아 보드카를 마셔 본 사람만이 그 맛을 안다.
오물이란 이름이 좀 그렇지만 맛은 그만이다.
멀리 비키니 차림의 아가씨들이 눈에 들어오지만 침 한 번 꿀꺽 삼키고 바라보는 것으로 대신한다.

소낙비가 내려 음산한 크라스노야르스크 시내

세 번째 큰 도시
크라스노야르스크

약 4,500km를 4박5일 동안 87시간을 주야로 달려 모스크바 시간 아침 6시 20분, 유목민의 땅 시베리아에 위치한 크라스노야르스크에 도착했다.

이곳은 시베리아 횡단열차의 중간 지점이자 시베리아에서 세 번째로 큰 도시다.
같은 침대칸에서 며칠을 보낸 일행들이 간단한 인사를 남기고는 커다란 가방을 짊어지고 각자 걸음을 재촉한다.
이들의 손에는 언제나 대형 가방이 몇 개씩 들려 있다. 기차 안에서 며칠을 보내야 하니 당연하다.
블라디보스토크에 도착할 때부터 비가 줄기차게 쏟아져 내렸는데 크라스노야르스크에 도착해서도 비가 그칠 줄 모른다.

자그마치 132달러, 우리 돈 17만 원이나 주고 들어간 크라스노야르스크 호텔은 한여름에 뜨거운 물만 나온다. 우리나라의 값싼 여인숙이나 여관도 사시사철 찬물과 뜨거운물이 나오건만, 여기선 용광로 같은 물만 나온다.

안내 데스크에 가서 물으니 어쩔 수 없다면서 식혀서 쓰란다. 할 말이 없어 허허 웃고 말았다.

카프카스의 그루지야를 여행할 때가 떠오른다.
흑해의 도시 포티의 콜게티 호텔은 40여 개의 룸이 있었지만 단 3개만 손님을 들이고, 화장실도 밖에 나가 각자 알아서 해결해야 하는 곧 무너져 버릴 것 같은 건물이었는데, 거기서 잠을 잤다.
방 안에는 커다란 고무대야 2개가 있어 호텔 공동 수돗가에서 찬물을 떠 와 목욕을 하든 샤워를 하든 해결을 해야만 했다.

그에 비하면 용광로 같은 크라스노야르스크 호텔은 양반이다.
이 또한 여행이 준 선물이라고 생각을 하기로 한다.
그 대신 호텔 4층 창가에서 예니세이 강을 내려다보며 그 깊은 매력에 흠뻑 젖어 본다.

러시아의 물가가 높다곤 하지만 샤슬릭 몇 점과 생맥주 한 잔이 30달러다. 무척 부담스러운 가격이다.
주말을 맞은 예니세이 강변 카페에는 짧은 치마를 입고 춤을 추는 아가씨들로 가득하다.
높은 하늘과 맑은 가을 같은 여름날.
그 모습을 바라보는 여행자는 그저 즐겁기만 하다.

크라스노야르스크에서

여행이 주는 선물

비가 내려도 너무 많이 내린다.
자루비노에서 크라스노야르스크까지 소나기가 줄기차게 쏟아진다.
반짝 햇볕이 나 예니세이 강가로 산책을 나갔다가도 소낙비를 만났다.
그것도 모자라 체크아웃 하고 나온 호텔로 다시 들어가 옷을 갈아입기도 했다.

크라스노야르스크가 중앙아시아 노동자들의 텃밭이 된 지 오래다.
웬만한 카페나 레스토랑 종업원들은 대개 중앙아시아 사람들이다.
그들 나라는 워낙 경제사정이 좋지 않아 일자리를 찾기가 어렵다.
그래서 의사소통에 문제가 없는 러시아에서 일을 하는 경우가 많다.
또한 알마티나 비슈케크, 타슈켄트로 가는 국제 열차가 있기 때문이다.

가끔 공공장소 한쪽 구석에서 빵과 물로 식사를 하는 중앙아시아 사람들이 무리를 지어 여행자에게 해를 입히는 경우도 있으니 특히 조심해야 한다.

키질 국립 박물관(위쪽)과 가을하늘 같은 여름날의 키질 불교 신전(아래쪽)

아바칸으로 가는 기차 안에서 군인 두 명이 느닷없이 여권 검사를 한다.

크라스노야르스크에서 아바칸까지 460km를 달리는 내내 차창 밖으로 노란 유채꽃과 이름 모를 꽃들이 피어 푸른 숲과 조화를 이루며 아름다운 풍경이 펼쳐진다.

아주 작은 정겨운 간이역 사이로 러시아 시골 농가의 굴뚝에서 연기가 모락모락 피어오른다. 우리네 시골이나 러시아의 시골이나 추억 속의 사진을 떠올리게 한다.

이것은 여행이 주는 선물이다.

이제는 잊혀져가는 키질 전쟁 기념탑

키질 아시아 중심 기념탑

아시아 중앙에 있는 키질에서

　모스크바 시간 오후 4시, 크라스노야르스크 시간 오후 8시에 출발하여 모스크바 시간 새벽 2시 20분, 아바칸 시간 아침 6시 20분에 아바칸에 도착했다.
　시차가 4시간으로 좁혀진다.

　그 넓은 러시아 곳곳에 기차 노선이 잘 발달되어 있다. 하지만 내가 가고자 하는 키질까지는 기차가 없어 택시나 미니버스를 타야 한다.
　아바칸 역에 내리자마자 두 명의 투바 아가씨와 함께 택시를 타고 우신스크 자동차 전용도로를 따라 약 420km 떨어진 키질로 향했다.
　이 우신스크 도로 양쪽에는 가도 가도 끝이 없는 해바라기 밭이다.

　이번 시베리아 횡단열차 여행을 하면서 꼭 가 보고 싶은 곳이 투바공화국의 키질이다.
　지형적으로는 아시아 중앙부에 위치해 있고, 대부분 티베트 불교와 샤머니즘을 믿으며 투바어로 '빨간색'을 의미하는 키질. 하지만 막상 와서 보니 마음이 아프다.

위쪽_ 간혹 어쩌다 오가는 사람을 태우고 떠나는 키질 버스터미널
아래쪽_ 요즘같이 첨단 디지털이 넘쳐나는 세상에 너무 촌스럽고 투박하지만 정감 있는 주유소 모습

아인슈타인과 함께 이 시대가 낳은 최고 물리학자이자 노벨상 수상자인 리처드 파인만 박사는 냉전 시절 옛 소련 체제 하에 투바공화국을 방문하기 위해 10년을 준비했다고 한다. 하지만 결국 그 뜻을 이루지 못하고 세상을 떠났다.

투바의 수도 키질에는 아시아의 지리적 중앙임을 상징하는 '아시아의 중심 기념탑'이 세워져 있다. 그리고 리처드 파인만의 투바 여행에 대한 열정을 기리는 내용이 새겨져 있다.

그가 그토록 와 보고 싶어 했던 아시아 유럽의 중심지인 키질에는 오후 7시경이 되면 알코올중독자들이 거리를 배회하고 있어 음산한 기운이 감돈다.

해가 지면 자동차도 사람도 거의 찾아볼 수 없고 상점들도 모두 문을 닫는다.

시장은 아예 오후 4시만 넘으면 폐점한다.

그 흔한 카페나 레스토랑도 저녁시간에 문을 여는 곳을 볼 수 없다.

술과 마약 그리고 섹스에 찌든 아시아 유럽의 중심지 키질.

설레는 마음으로 찾아왔는데, 허전하고 쓸쓸하다.

하카스공화국의 아바칸으로

　이번 러시아 여행에서 가장 기대를 가졌던 투바공화국의 키질을 떠나면서 안쓰럽고 실망스러운 마음을 감출 수 없었다.
　알코올중독자가 거리의 무법자가 되어 버린 키질은 오랫동안 뼈를 깎는 노력을 하지 않으면 옛모습을 찾기가 어려워 보인다.

아바칸 공원

키질에서 아바칸으로 출발하는 첫 미니버스 안에서 여행 책자를 보고 있는데, 옆자리에 앉은 청년이 키질에 대해 뭐라고 쓰여 있는지 묻는다.
'범죄와 알코올중독자를 조심하라'고 쓰여 있다고 하니 청년은 무척 안타까워한다.

아바칸은 하카스공화국에서 가장 큰 도시이자 중심지이며 시베리아 남부에 위치해 있다.
잔잔한 미소가 떠나지 않는 사람들의 모습에서 편안함을 느낀다.
아바칸 사람들은 늘 웃고 있는 것 같다.

호텔 시설과 체크 인/아웃 할 때의 번거로움은 이루 말할 수 없지만, 푸른 숲에 둘러싸인 방이 12개밖에 없는 옛 소련의 공식 호텔이던 인뚜리스트 호텔은 마음에 든다.
호텔을 감싸고 있는 공원에는 아주 오래된 빛바랜 동상들과 야외 카페들이 잘 어울린다.
구석기 시대에 온 듯하다.
그런데 내가 묵고 있는 방 말고는 모두 텅 비어 있다. 다른 손님이 없다는 얘기인데, 스산한 생각이 스쳐 지나간다.
그래도 다시 한 번 찾고 싶은 아바칸이다.

옛 소련에 있는 레닌 동상은 대부분 서 있는데 아바칸의 레닌 동상은 근엄하게 앉아 있는 모습이다.

모든 기차시간은
모스크바를 기준으로

무성한 숲 속에 있는 호텔인데 새소리가 전혀 들리지 않는다.
더욱 음산한 생각이 밀려온다.
하지만 다른 도시와는 달리 자전거 타는 사람이 유난히 많은 아바칸은 나그네에게 넉넉한 인상을 준다.
멀리 여행을 떠나면 제때 식사하기가 어려울 테니 먹고 가라는 호텔 안내 데스크 할머니의 말은 여행자를 위해서가 아니라 영업용이다.

러시아 전역에서 기차를 탈 때 모든 기차 시간은 모스크바를 기준으로 한다.
그런데 이 시차 때문에 러시아 극동과 시베리아를 여행할 땐 오히려 도움이 된다. 12시에 체크아웃을 하고도 오후 시간을 덤으로 벌 수 있기 때문이다.
모스크바 시간 오전 11시 5분이니, 아바칸 시간으로는 오후 3시 5분에 떠난다.

경치가 좋은 투바공화국에서 휴가를 보내고 돌아가는 러시아 피서객들로 아바칸 역은 발 디딜 틈이 없다.

역동적인 스베르드로브스크(예카테린부르크) 기차역 광장

지금 내가 가려고 하는 카잔까지도 기차표가 매진되어 할 수 없이 그 근처인 예카테린부르크까지 표를 구했다.

그런데 여행을 떠나기 전 최신 자료에도 예카테린부르크로 표시되어 있었는데 여기에 와서 보니 스베르드로브스크로 기차역 이름이 바뀌었다. 그 사이 지명이 바뀐 것이다.

2박3일 43시간 동안 기차를 타고 스베르드로브스크까지 가서 다음 목적지인 카잔까지 또다시 1박2일을 이동해야 한다.

언제나 느끼는 거지만, 러시아가 정말 넓긴 넓다.

아바칸과 모스크바의 시차가 4시간이라 저녁을 먹었는데도 날이 훤하다. 저녁을 한 번 더 먹어야 어두워질 것 같다.

예전엔 시베리아 횡단열차 안 풍경 중에 윗옷을 벗고 보드카를 마시는 러시아 사람들이 즐비했다. 또한 기차 안을 오가며 물건을 파는 상인들도 참 많았는데, 이젠 거의 보이지 않는다.

맥주 한 잔 마시고 책을 읽는 사람들로 기차 안이 얌전해지고 싱거워졌다.

드넓은 초원 위에 러시아의 시골집이 그림같이 박혀 있다.

붉은 노을과 평행선을 그으며 달리는 기차는 언제 멈출지 모른다.

이렇게 계속 지구 저편까지 달릴 것 같다.

우리 인생도 브레이크가 고장난다면 언제 멈출지 모르는 이 기차처럼 지구를 뱅뱅 돌까 하는 엉뚱한 생각을 해 본다.

아바칸을 출발해 43시간을 달려 모스크바 시간 오전 9시 45분 스베르드로브스크 역에 도착했다.

이제는 모스크바와 시차가 2시간으로 좁혀진다.

스베르드로브스크에서

 크라스노야르스크도 그렇지만 스베르드로브스크 기차역 주변의 카페나 식당에서 일을 하는 사람들도 영락없이 중앙아시아 사람들이다.
 이곳에서 보기 드문 한 무리의 타지크 걸인들을 우연히 마주쳤다.
 기차역 광장에 있는 우즈벡 식당에서 식사를 하려는데 음식이 나오자마자 어린 여자아이가 잽싸게 집어들고는 힐끗 쳐다보더니 달아나 버린다. 어안이 벙벙해서 바라보고만 있었다.

 중앙아시아 곳곳에 타지크의 걸인들이 어슬렁거린다.
 오래 전 타지키스탄 두샨베를 여행했을 때의 일이다.
 두샨베 오페라하우스 야외 카페에서 타지크 음악을 들으며 식사를 하는데, 어린 소년이 내가 먹고 있는 샤슬릭을 먹고 싶다고 해서 먹으라고 하자 누나까지 데리고 와서 순식간에 먹어치웠다.
 그 모습이 안쓰러워 넉넉하게 다시 주문해 준 양고기 샤슬릭과 그들의 빵인 리뽀쉬카와 콜라, 샐러드까지 숨도 안 쉬고 먹어 버렸다.
 그렇게 먹고 있는 어린 남매를 보면서 생맥주를 벌컥벌컥 들이켰던 두샨베가 생각난다.

위쪽_ 스베르드로브스크 로마노프 성당
아래쪽_ 중국어 현수막이 걸려 있는 스베르드로브스크 우랄 대학교

유쾌하지 않은 기분을 추스르지 못한 채 카잔을 향해 달리는 기차에 올랐다. 그런데 같은 침대칸에 탄 할아버지가 러시아가 세계 제일이라며 계속 떠들어댄다.

하룻밤을 같이 보내야 하는데 여간 거슬리는 것이 아니다.

모스크바 시간 오후 5시 57분에 출발하여 14시간을 달려 다음날 오전 8시 7분 카잔에 도착할 예정이다.

전 세계에서 일어난 전쟁을 묘사한 예카테린부르크 전쟁공원에는 체첸전쟁과 6·25전쟁 기념비가 있는데 북한만 표시되어 있다. 같은 공산국가여서 그렇다.

타타르의 수도 카잔

아바칸을 출발하여 57시간 기차를 타고 타타르공화국의 수도 카잔에 도착했다.

볼가 강 중류에 있는 카잔은 곧게 뻗은 구시가지를 따라 복고풍의 건물들이 아름답게 정돈되어 있다.

무슬림이 60%를 차지하고 있으며, 러시아의 젊은 대통령과는 달리 나이 많은 대통령이 타타르스탄을 지배하면서 가문 정치가 판치는 곳이지만 그래도 도시는 활기차다.

야외 카페에서 점심을 먹고 있는데 나와 닮은 사람이 지나간다.

고개를 갸우뚱 하는데 잠시 후 그가 다시 내 곁을 지나간다.

그냥 "안녕하십니까?" 했더니 웃으며 카페 안으로 들어온 그는 북한에서 출장 온 인광선이라는 사람이다.

나이는 서른아홉, 대학에서 영어와 러시아를 전공하고 블라디보스토크에서 5년간 근무했으며, 2년 전 카잔에 파견되었다고 한다.

2013년 카잔 세계대학생축제와 2014년 소치 동계올림픽 행사와 연관하여 앞으로 3년은 카잔에서 근무를 한단다.

고풍스런 카잔 벨 타워

조용하고 아름다운 카잔 시

위쪽_ 카잔 크렘린 입구와 쿨샤리프 모스크
아래쪽_ 카잔 성모숙녀성상 성지 센터

웅장한 카잔 기차역

　러시아 각 지역에서 온 관광객들로 거리가 시끌벅적하다. 여기서도 일식당과 중식당은 사람들로 북적거리는데 한식당은 없다. 씁쓸하다.
　카잔의 넓은 재래시장에도 중국 상품들이 싹쓸이를 하고 있다.
　한국은 전멸이다.
　최근 중앙아시아 고려인들이 이곳으로 건너와 우리 음식 장사를 하고 있지만 한없이 미비하다.

위쪽_ 카잔 거리에서
신나게 연주하는 젊은이

아래쪽_
카잔 피터 폴 성당

카잔에서 사라토프로

샛노란 해바라기 밭이 펼쳐져 있는 가도 가도 끝없는 평원을 따라 기차를 타고 카잔에서 사라토프로 향한다.

소피아 로렌이 열연한 영화 〈해바라기〉 속의 그 해바라기 밭이다. 끝없이 펼쳐진 해바라기의 도시 우크라이나의 폴타바를 배경으로 아주 오래 전에 보았던 핸리 맨시니의 '러스 오브 러브' 음악이 흘러나오는 해바라기 밭을 지난다.

자작나무로 만든 하얀 십자가에 걸쳐져 있는 헬맷 사이로 소피아 로렌이 남편의 무덤을 찾아 헤매는 애처로운 장면이 스쳐 지나간다.

시베리아 횡단열차 여행이 끝나가는 2,3개월 후에 나는 지금 차창 밖으로 보이는 해바라기 밭이 있는 우크라이나에 도착해 있을 것이다.

모스크바 북서쪽에서 시작해 남쪽으로 3,530km를 흐른 뒤 카스피 해로 흘러들어가는 볼가 강을 따라 기차는 달리고 있다.

러시아의 3분의 1을 차지하는 볼가 강은 유럽에서 가장 길다. 상류는 작은 하천에 불과하지만 15만 1천 개의 강과 하천이 모여 아름다운 강이 된다. 총길이는 자그마치 57만 1,200km. 우리 한강처럼 러시아인들의 어머니와 같은 강이다.

러시아의 역사는 이 볼가 강의 역사와 함께 하니 그럴 만하다.

끝없이 펼쳐진 해바라기 밭

문화와 교육의 도시 사라토프

어제 오후 5시 50분 카잔을 출발하여 오늘 11시 30분에 도착했으니 18시간 걸린 셈이다.

여행을 하면서 어디서든 먹고 자는 것은 선수 중의 선수지만, 어젯밤 침대 아래칸의 할머니 코 고는 소리에 두 손 두 발 다 들고 말았다. 코 고는 소리에 달리는 기차가 들썩들썩 할 정도였다.

새벽 1시에 잠이 깨어 플랫폼에서 잠깐 바람을 쐬고 겨우 잠이 들었는데, 이번에는 경찰이 들어와 자고 있는 사람들을 모두 깨워서 여권 검사를 한다.

그들은 이방인인 나를 밖으로 데리고 나가더니 이것저것 물어본다. 결국 뜬눈으로 밤을 보내고 말았다.

볼가 강이 유유히 흐르고 독인일과 네덜란드인의 피가 흐르는 사라토프. 그래서 그런지 유난히 독일 맥주가 많다.

문화와 교육의 도시 사라토프에서 올봄까지 한국에 머물다 온 사샤를 다시 만나 볼가 강을 바라보며 보드카를 한잔 했다.

사샤는 5년 전 서울 한남동에 러시아 그림 전문 갤러리를 최초로 열었

높고 푸른 하늘과 잘 어울리는 형형색색의 사라토프 우톨리 모야 뻬찰리 성당

었다. 그는 지금도 사라토프에서 러시아 화랑을 하고 있다.

이른 아침에 작은 호텔로 짐을 옮겼다.

어젯밤 묵은 볼가 호텔은 모기도 많고 호텔 주변에서 떠드는 소리에 밤새 한숨도 못 잤다.

머나먼 땅 러시아의 사라토프에서 생일을 맞았다. 그러고 보니 10년 넘게 옛 소련을 여행하는 동안 대부분의 생일을 이 지역에서 보냈다.

사샤의 부인이 운영하는 선물 가게에 들러 차를 한잔 하고, 저녁에는 사샤와 함께 샤슬릭과 보드카로 생일을 자축했다. 사샤는 오랜 시간을 함께 해온 친구다.

서울에서는 사샤가 좋아하는 된장찌개와 삼겹살을 자주 먹었는데, 그 때 함께 했던 옛 소련 친구들이 이제는 러시아나 우즈베키스탄, 카자흐스탄, 벨라루스, 아르메니아 등 그들의 고향으로 모두 돌아갔다.

그들과 다시 한 자리에 모이기는 쉽지 않겠지만 참으로 아름다운 시절이었다.

러시아 사람들의 어머니 마음과 같은 볼가 강.

볼가 강을 따라 걷다 보면 가슴속 깊이 파고드는 러시아 민속음악인 뱃노래를 자주 듣게 된다.

유명한 작가와 작곡가, 화가 등을 많이 배출해 낸 문학도시라서 그런지 사라토프 시내를 걷다 만나는 사람들은 모두 정겹고 운치 있어 보인다.

그리고 러시아에서 모스크바 다음으로 부자 동네답게 없는 게 없다.

인정 없는 모스크바 사람들과는 달리 상트페테르부르크 사람들과 사라토프 사람들은 정이 많다.

2박3일 함께 지낸 사샤와 헤어져야 할 시간이다. 우리는 사라토프 기차역 야외 카페에서 다시 생맥주를 마시며 작별의 아쉬움을 달랬다.

오늘 밤 11시 59분 사라토프를 출발해 내일 모레 오전 9시 42분 소치에 도착할 예정이다.

러시아인들의 어머니 마음과 같은 볼가 강

동계올림픽이 열리는 소치

떵덩어리가 커도 너무 크다.

러시아 동남쪽 끝 자루비노에서 시작해 약 1만km를 이동하여 서남쪽 맨 끝 소치로 가는 중이다.

기차 차창 밖으로 러시아인들의 별장인 다차와 해바라기와 옥수수 그리고 밀밭이 스쳐 지나간다.

그 풍광 위로 지나온 날들이 자꾸 떠오른다. 살아온 날들을 회상할 만큼 긴 인생을 살지는 않았지만, 그래도 내가 살아온 시간들이 오버랩 되어 숙연하게 만든다.

그래서 여행이 필요한가 보다.

사라토프를 출발한 지 34시간 만에 재래시장이 시원스럽게 펼쳐져 있는 소치 기차역에 도착했다.

2014년 동계올림픽 개최지로 거의 확정적이던 강원도 평창을 따돌리기 위해 푸틴 러시아 총리가 달려가 단 이틀 만에 뒤집어 버려 우리를 당황스럽게 했던 그 소치다.

사라토프에서 소치로 가는 기차 안에서 만난 귀여운 꼬마들

　러시아 최고의 휴양지인 소치는 온천과 해수욕장으로 유명하다.
　시내 곳곳에는 동계올림픽을 알리는 대형 광고판이 붙어 있고, 거리엔 휴가를 보내는 관광객들로 북적거린다.
　흑해를 끼고 있는 휴양지 중에서 가장 아름다운 그루지야의 바투미, 압하지야의 수후미 그리고 우크라이나의 얄타와 오데사, 러시아의 소치는 여름철만 되면 주변 공화국에서 휴가 온 사람들로 인산인해를 이룬다.
　그래서 휴가철엔 호텔 값이 터무니없이 비싸다.
　싸나토리아 호텔 대기자 명단에 이름을 올려놓고 2시간여를 기다려 겨우 방을 얻었다.

제1장 시베리아 횡단열차를 타고　65

소치에는 아름다운 카페가 즐비하고, 반라의 금발 아가씨들이 담배를 물고 맥주를 마시며 거리를 활보한다.
이런 광경을 수도 없이 봐 왔지만 가끔 정신이 아득할 때도 있긴 하다.

인터넷 1시간 사용료가 200루블 약 6.5달러, 우리 돈으로 8,400원 정도 한다.
그렇다고 우리처럼 빠르지도 않고 종량제 요금이라 사진을 메일로 전송할 때는 그 용량만큼 돈을 더 지불해야 한다.

소치에서 흑해를 끼고 남쪽으로 몇 시간을 달리면 그루지야와 얼마 전에 전쟁을 했던 압하지야공화국이 나온다.
압하지야를 지나면 옛 소련에서 독립한 신이 내린 아름다운 땅 카프카스공화국이 펼쳐진다.
소치까지 오니 카프카스 산맥을 넘어가고 싶어진다.

밤새 엄청난 천둥 번개가 울부짖었다.
무슨 공포영화에 나오는 것보다 더 소름 끼치는 밤을 보냈다.
정말 한숨도 못 잤다.

위쪽_ 소치 박물관
아래쪽_ 흑해의 이국적인 냄새가 물씬 풍기는 소치 미첼 아르헨겔 성당

끝없이 펼쳐진 흑해를 따라

장거리 기차여행을 많이 해서 그런지 5시간 이동하는 것쯤은 아무것도 아니다.

서울에서의 '빨리빨리'가 러시아에서는 전혀 통하지 않기 때문에 일부러 마음을 느긋하게 먹는다. 어쩌면 '천천히'가 기차여행의 참맛인지도 모르겠다.

소치에서 고르클루치를 지나 크라스노다르까지는 널찍한 좌석 기차를 타고 끝없이 펼쳐진 망망대해 흑해만 뚫어지게 바라보고 달렸다.

기차는 5시간 내내 흑해를 끼고 달린다.

아마 서울에서 부산까지 바다나 강만 보면서 기차를 타고 간다면 꽤나 지겹게 느껴질 것이다.

하지만 러시아에서는 며칠씩 기차를 타고 가니 이런 시간은 너무 짧게 느껴진다.

그래서 러시아인들의 피에는 대륙적인 기질이 흐르는가 보다.

소치에서 바라본 눈부신 흑해

공업도시 크라스노다르

자정이 다 되어 크라스노다르에 도착했다.

바로 기차역 3층에 있는 호텔에 들었는데, 호텔이라기보다 기차를 타고 오가는 사람들이 하룻밤 쉬었다 가는 여관 정도다.

역 주변에 나가 식사를 할 만한 카페를 찾았으나 자정이 넘은 탓에 거의 문을 닫고 없다.

우크라이나 크림반도의 케르키 국경선과 이어지는 곳이라 역 광장에는 다음날 일찍 출발하는 국제 버스들만 즐비하다.

과일과 병맥주로 간단히 해결하고 샤워를 하고 나오니 창 밖에서 요란한 음악소리가 들려온다.

아가씨들이 자동차 오디오를 크게 틀

크라스노다르 쿠반 코사크

어놓고 병맥주를 입에 물고 역 광장에서 신나게 춤을 춘다.

주위에 있는 사람들은 전혀 눈길도 안 준다. 바라보는 경찰들은 더 무신경이다.

더운 여름날 야하게 입고 춤을 추는 아가씨들한테 눈을 떼지 못하는 사람은 그저 여행자인 나 혼자다.

도심 한가운데를 가로지르는 크라스다르 거리를 중심으로 이어지는 산책로가 일품이다.

일요일인 오늘은 크라스노다르 시 행사가 있어 멋진 광경을 볼 수 있는 보너스까지 얻었다.

다른 도시에서는 볼 수 없는 유난히 눈에 띄는 것이 있다. 쿠바 카페다.

쿠바 혁명의 영웅 체게바라의 사진과 쿠바 국기가 펄럭이는 카페가 더욱 진하게 쿠바 냄새를 느끼게 한다.

사망한 지 40년이 넘은 체게바라가 세계적으로 선풍을 일으킨 이유는, 최고 자리에 오르고도 이것을 거부하고 또 다른 혁명을 위해 헌신하는 숭고한 모습이 사람들을 감동시켰기 때문일 것이다.

체게바라와 어울릴 것 같지 않은 지미 카터 미국 대통령이 생각난다. 그는 대통령 시절에 하고자 하는 정책마다 모두 실패하여 인기가 없었지만 은퇴 후에는 아름다운 삶을 살고 있다.

그는 사랑의 집짓기 운동을 하고, 주일학교 교사를 하고, 분쟁 지역에서는 평화를, 아프리카에서는 질병 퇴치를 호소하고 있다.

크라스노다르의 명물인 두 마리 개 동상 앞에서

크라스노다르 오벨리스크

서부 시대의 총잡이가 질겅질겅 씹고 있는 듯한 시가 냄새가 물씬 풍기는 쿠바 카페

   처음부터 대통령을 건너뛰어 전직 대통령이 되었어야 했는지 모르겠다. 지미 카터는 가장 인기 없는 대통령에서 가장 인기 있는 전직 대통령이 되었다.

   대한민국의 권력자들은 무슨 이유인지 머리가 파뿌리가 될 때까지 권력을 놓지 못하고 그것을 지키기 위해 싸우다 무덤까지 간다. 그곳에서도 권력과 돈이 필요한가 보다.
   대한민국에서 은퇴한 정치가나 CEO 가운데 체게바라나 지미 카터 같은 사람이 나왔으면 한다.
   그저 바람만 가져 본다.
   그걸로 만족한다.
   그런 이상주의자들의 영웅인 체게바라의 사진을 보며 쿠바 음악을 들으면서 진한 쿠바 럼을 한잔 한다.

크라스노다르 시네마 극장 아브로라

사람의 발길을 멈추게 하는 크라스노다르 거리 모습

크라스노다르의
깨끗하고 우아한 스시 카페

크라스노다르 시 축제에서

고풍스런 로스토브 노 도누

아침 6시 35분 크라스노다르를 출발해 로스토브 노 도누까지 4시간을 러시아에서 가장 넓은 좌석 기차를 타고 달렸다.
우리나라는 세계 표준 철도 넓이인 1,435mm를 사용하지만, 유일하게 옛 소련 지역에서는 광궤인 1,524mm로 우리 기차보다 훨씬 넓다. 그래서 실내가 시원하다.

로스토브 노 도누 대학교

소치에서 크라스노다르 가는 넓은 기차 안

　10여 년 전쯤으로 기억된다. 그땐 한국과 외교 관계라곤 러시아와 카자흐스탄, 우즈베키스탄 그리고 우크라이나가 전부였다.
　당시 서울 외곽에는 기차와 배 모양을 본뜬 레스토랑이 하나 둘 생겨나기 시작했다. 그때 러시아 극동에 있는 지인이 연락을 해 왔다.
　한국에서는 기차 한 칸을 사려면 절차도 복잡하고 또 돈도 많이 들지만, 이곳에서는 10분의 1 값으로 살 수 있고 원하는 곳까지 배달을 해 주니 시베리아 횡단열차를 몇 채 사서 멋진 레스토랑을 해 보자는 꽤 흥미

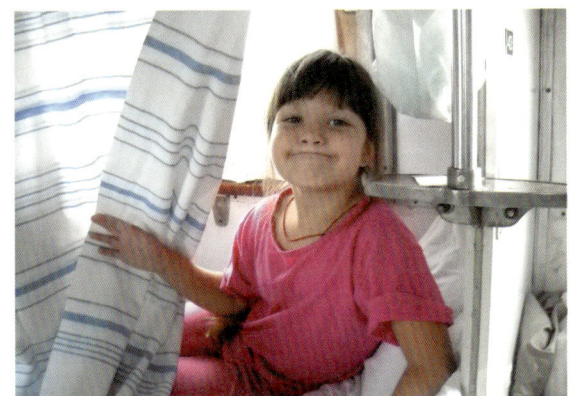

위쪽_ 로스토브 노 도누로 가는 기차 안에서 만난 깜찍한 꼬마 아가씨
아래쪽_ 로스토브 노 도누 거리에서

있는 제안을 받은 적이 있다.

우리나라 속초에서 가까운 러시아 극동지역에서 만일 이런 사업을 했다면 어떻게 되었을지 모르지만, 분명한 건 아름다운 여행자로 남아 있지 못했을 것이다.

시베리아 횡단열차를 통째로 사지는 않았지만, 나는 지금 그 열차를 타고 세상을 보고 있다.

제1장 시베리아 횡단열차를 타고 77

흑해와 아조프 해를 거쳐 볼고그라드로

오후 3시 45분 로스토브 노 도누를 떠나 흑해와 아조프 해를 거쳐 다음날 새벽 4시 30분 볼고그라드에 도착할 예정이다.

흑해는 동서 길이 1,150km, 남북 길이 610km이며 수심은 최대 2,212km로 북쪽과 동쪽으로 우크라이나, 러시아, 그루지야, 남쪽은 터키, 서쪽은 루마니아, 불가리아에 둘러싸여 있는 내해다.

반면에 우크라이나 남동부의 케르치 반도와 러시아 크라스노다르의 타만 반도 사이에 있는 동서 길이 360km인 아조프 해는 화물선과 여객선이 많이 다니지만 가장 깊은 곳의 수심이 겨우 14m에 불과한 세계에서 가장 얕은 바다다.

러시아와 우크라이나의 관계처럼 내해와 바다가 아이러니컬하게 조화를 이루고 있다.

새벽 4시 30분 볼고그라드에 도착하여 기차역을 빠져 나오는데 군인이 여권을 보자고 한다.

여권, 비자, 오비르 서류 모두 아무 문제가 없는데 사무실로 데리고 가서는 마냥 붙잡아 둔다. 한참 뒤에 상사와 몇 마디 나누더니 다음 목적지를 묻는다. 상트페테르부르크로 간다고 하자, 그쪽으로 가는 기차는 늘 만원이라 표를 사기가 어려우니 자기가 사 주겠단다.

볼고그라드에서 상트페테르부르크까지는 3등칸 쁠라치까르따가 1,800루블 약 60달러인데 2,000루블 67달러를 달란다.

잠시 후 기차표를 가지고 와서는 거스름돈은 줄 생각도 않고 맥주를 한잔 하잔다. 슈퍼에서 병맥주 한 병이 약 200루블. 400루블을 주면서 사 오라고 하자 그냥 마신 걸로 하잔다.

그러고 나서 여권을 건네준다.

볼고그라드의 스탈린그라드 박물관

잠시 쉬어 가고픈 볼고그라드 야외 카페

　여행을 떠나기 한 달 전쯤 서울에서 헤어진 우리민족서로돕기운동본부 해외팀장이며 볼고그라드에서 6년째 고려인돕기운동 등 NGO 활동을 하고 있는 이봄철 팀장 가족을 만났다. 이들은 정말로 머나먼 곳에서 자신을 희생하는 사람들이다.
　스스로 비용을 부담해야 하는 해외 봉사활동을 떠나면서 제일 비싼 비즈니스 좌석을 요구하고, 쓰러질 것 같은 마을에서 온수가 나오는 호텔에서 자겠다고 우기고, 번쩍번쩍 빛나는 자가용에 늘 기사가 대기하고 있어야 하고, 그곳 사람들은 진흙탕물을 마시는데 생수로 목욕을 하면서 해외 봉사활동을 다녀왔다며 떠들고 다니는 일부 유명인의 얘기를 들을 땐 참으로 불쌍하다는 생각이 든다. 그저 화보 사진 몇 장 찍으러 가는 그들의 모습은 웃지 못할 해프닝에 불과하다.

허풍을 떨고 다니는 그들과는 비교도 할 수 없는 이봄철 팀장과 다른 팀원들과 함께 손수 만든 닭볶음탕을 먹으며 많은 이야기를 나누었다.

볼고그라드는 제2차 세계대전 중 독일과 옛 소련 간의 격전지로 유명한 예전의 스탈린그라드다.

알레야 게로예브 공원

제1장 시베리아 횡단열차를 타고 81

볼고그라드 마마에브 쿠르간 72m 높이의 러시아 어머니의 동상과 기념비

스탈린그라드 전투는 인류 역사상 가장 큰 단일 전투로 199일 간 지속되었으며, 인명 피해는 200여만 명에 달한다고 한다.

옛 소련 전역으로 석유를 공급하는 전략적 요충지를 독일군은 33만 명의 기갑부대를 동원하여 수차례 공격하였으나 결국 추위와 보급품 부족으로 패배하였다.

이 전투에서 22만 명의 독일군이 전사했고, 10만 명의 포로가 항복하였다. 옛 소련군도 110만여 명, 독일 주축군 45만 명의 인명 피해를 보았다. 이로 인해 옛 소련과 독일군의 전쟁이 전환되는 결정적인 계기가 되었다.

볼고그라드에서 홀로 고생하는 이봄철 팀장과 그의 가족 그리고 팀원들과 함께 한국에서 가져온 귀한 자장면으로 저녁식사를 했다.

앞으로 비닐하우스 100동을 지을 예정인데, 이곳 주변에 살고 있는 독립운동가의 후손인 3만여 명의 고려인들에게 꿈과 희망을 심어 줄 것이라며, 열악한 한글학교에서 한글과 우리 문화를 열심히 가르치고 있다.

내년에 한국에서 만날 약속을 하고 헤어졌다.

볼고그라드 스탈린그라드 박물관에서

추억의 일등석과 금발 아가씨

러시아 사람들은 며칠씩 기차에서 생활하는 것은 일도 아니다.
엄청난 크기의 보따리를 몇 개씩 가지고 타는 걸 보면 눈이 휘둥그레진다.
우리나라에서는 전혀 볼 수 없는 풍경이기에 처음에는 신기하기도 하고 어색하기도 했지만, 이제는 나도 그들처럼 기차를 타기 전에 시장이나 상점에 들러 음식을 골고루 준비한다.
오랜 기차여행으로 그들처럼 버릇이 되었다.
남녀노소가 한 침대칸에 누워 자면서 전혀 어색해하지 않는다.

예전에 기차여행을 할 때다. 나는 늘 저렴한 3등석을 타는데, 한 번은 3등석도 2등석도 매진되어 할 수 없이 비싼 1등석을 타게 됐다. 3등석은 침대가 양쪽으로 3층, 창쪽에도 2층으로 되어 있어 보통 6명이 함께 잠을 자고, 2등석은 창쪽에는 침대가 없고 보통 4명이 잠을 자는데, 1등석은 양쪽에 침대가 한 개씩 있고 문을 닫을 수 있어 사생활 보호가 잘 된다.
그래서 1등석은 연인끼리 여행을 하면 짜릿한 시간을 보낼 수 있다.
이 1등석을 두고 러시아 사람들은 이런 말을 한다.

상트페테르부르크 중심부를 흐르고 있는 네바 강의 유람선

상트페테르부르크 세계 3대 성당 중 하나인 성 이삭 성당

　이혼을 하려는 부부가 시베리아 횡단열차 1등석을 타고 블라디보스토크에서 상트페테르부르크까지 왕복 여행을 하면 다시 신혼부부가 되어서 돌아온다고.
　아늑한 공간에서 서로 마주보며 창밖으로 펼쳐지는 지상 최고의 풍경을 감상하면서 자그마치 20여 일을 보내야 하니 당연한 결과일 것이다.

　그런데 잠시 후 문을 열고 들어온 사람은 쭉쭉빵빵 초미니 스커트를 입은 늘씬한 금발 아가씨였다.
　남자 자존심 때문에 모르는 척했지만, 이런 상황이면 누구나 군침을 흘리며 방망이로 뒤통수를 한 대 얻어맞은 것처럼 멍할 것이다.
　좋든 싫든 하루 종일 먹고 마시고 옷 갈아입고 잠자는 것까지 마주 보고 며칠을 가야 한다.
　만일 지금처럼 러시아 말을 했다면 그 금발 아가씨와 어떻게든 로맨스를 만들었을 텐데, 아쉬운 시간이었다.
　길거리 러시아말로 한두 마디 인사만 나누고 그저 멍하니 창밖의 자작나무만 바라보고 있었으니, 지금 생각하면 웃음만 나온다.

제1장 시베리아 횡단열차를 타고　87

바로 이런 안타까운 사연이 있었기에 지금도 러시아 책을 놓지 않고 있다. 이제는 어떤 상황에서든 금발 아가씨를 집중시킬 수 있다.

나에게 러시아말을 왜 배워야 하는지 깨닫게 해 준 금발 아가씨.

지금은 아이를 낳고 넉넉한 아줌마가 되어 있겠지.

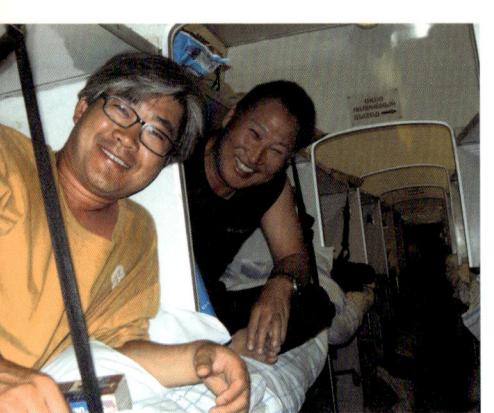

이제 한 달 간의 시베리아 횡단열차 여행 중 마지막 기차를 타고 볼고그라드에서 상트페테르부르크까지 2박3일 36시간을 달려가게 된다. 기차는 북쪽의 상트페테르부르크를 향해 기적소리를 울리고 있다.

한 달간 시베리아 횡단열차 여행을 함께 한 백형안 형님과 마지막 밤을 보낸다. 서울에서는 맥주 한 잔 하는 일이 없던 형님이 나와 함께 여행하는 동안 매일 발틱카 맥주를 두 병씩 마셨다.

러시아 맥주의 대명사인 발틱카는 번호가 있는데, 3번은 우리 맥주 알코올 농도와 같지만 9번으로 올라가면 농도도 높아진다.

한 달 내내 차창 밖으로 러시아 시골 농가와 자작나무를 바라보면서 살아온 날들을 돌아보고 또 돌아보고 앞으로의 시간들을 생각했다.

이런 시간들은 배낭을 메고 떠난 사람만이 가질 수 있는 특권이다.

해가 들녘 아래로 가라앉는다.

백형안 형님과 나는 차창 밖을 말없이 바라보며 발틱카 맥주병을 부딪쳤다.

유럽의 관문
상트페테르부르크를 떠나며

　러시아의 두 번째 수도인 상트페테르부르크는 유럽의 관문이자 북방의 수도로 세계에서 몰려든 관광객들로 늘 북적거린다.
　낮에는 관광객들 때문에 발 디딜 틈이 없고, 밤에는 동양인들만을 골라 공격한다는 스킨헤드족들이 네바 강가에서 보드카와 맥주를 마시며 춤을 추고 떠들고 있다.
　서울 민박에 도착하자마자 오랜만에 점심은 라면으로, 저녁은 소고기 김치볶음을 먹었다. 한 달 내내 양고기와 발틱카 맥주가 주식이었는데 우리 라면 맛이 꿀맛이다.

　시베리아 횡단열차를 타고 함께 여행한 백형안 형님이 저녁 10시 30분 비행기로 먼저 돌아간다.
　며칠씩 타고 가야 하는 기차 안에서 불편하고 고생스러웠지만, 러시아 사람들이 살아가는 생생한 모습을 보며 여행한 이 모든 것들은 시간이 흘러 세월이 말할 것이다.

누구나 할 수 없는 시간들을 선물로 가지고 집으로 간다.
이제 나는 홀로 남아 곧 러시아를 떠나 발트3국으로 향한다.
내가 가고자 하는 또 다른 길이다.

이번 여행을 시작한 러시아 자루비노 항구에 도착할 때부터 쏟아지던 비가 여행하는 내내 그치지 않아 고생했는데, 러시아를 떠나는 오늘도 가을을 재촉하는 비가 또 내린다.
어릴 적 풋풋하게 스쳐 지나간 첫사랑을 생각나게 하는 황순원의 소나기나 시베리아 횡단열차를 타고 오면서 흠뻑 젖었던 소낙비나 추억을 떠올리게 하는 건 마찬가지다.

상트페테르부르크를 떠나기 전 인터넷 전화로 서울에 계신 어머니와

러시아를 떠나며 상트페테르부르크의 겨울궁전이 보이는 네바 강가에서

아내에게 전화를 하고 메일도 확인했다.

조용한 민박집 소파에 앉아 아주 오래된 나무 바닥과 낡은 창가에 어울리는 화분을 보며 차를 한잔 마시고 러시아를 떠난다.

러시아 이바노고로드와 에스토니아의 나르바 국경선을 통과하는데 여자 세관원이 에스토니아말로 뭐라고 묻는데 알아들을 수가 없다.

옆자리에 앉은 러시아 청년한테 물으니 여행증명서란다.

뒤따라온 남자 군인에게 여권과 한국의 여행보험증명서를 내미니 가지고 간다.

잠시 후 여자 세관원이 와서 러시아말을 할 줄 아느냐 묻는다. 그렇다고 하자 나르바는 왜 왔느냐고 묻는다.

그냥 '여행자'라고 하니 여권과 여행보험증명서를 돌려준다.

진작 러시아말로 물어볼 것이지!

에스토니아에 입국할 때는 반드시 여행보험증명서를 가지고 있어야 입국이 가능하다.

발트3국 여행을 마치고 벨라루스에 입국할 때도 마찬가지다.

탈린 구시가지 전경

제2장

동화 속 나라 같은
에스토니아

에스토니아 나르바 강가에서 바라본 국경선 건너편의 러시아 나르바 성

에스토니아 나르바에서

상트페테르부르크에서 나르바까지 버스로 약 4시간을 달려 밤 10시경 나르바에 도착했다.
시차는 나르바가 1시간 늦다.

이제 발트3국의 맨 위쪽에 있는 에스토니아를 시작으로 라트비아, 리투아니아를 샅샅이 돌아볼 예정이다.

아름다운 건축물과 굽이치는 강과 전통 마을 위에 수천 개의 호수가 있고 오래된 숲과 멋진 해안과 다양한 휴양지가 펼쳐질 발트3국 여행의 첫발을 힘차게 내딛는다.

위쪽_ 파스텔톤 지붕과 하늘이 잘 조화를 이룬 나르바 알렉산드르 성
아래쪽_ 나르바 보스크렌스키 성

국경선 옆에 있는 환전소에 가서 물으니 1달러에 에스토니아 10.5크론이라 한다. 만만치 않다.

가장 저렴한 바날린 호텔을 찾아갔으나 문이 닫혀 있어 킹 호텔로 발걸음을 옮겨 배낭을 풀었다.

프런트의 여직원이 무척 친절하다. 그리고 러시아에서 늘 발목을 잡던 번거로운 절차도 없다.

국경선을 사이에 두고 얼마 전까지 한 나라였다는 것이 믿기지 않을 정도로 극과 극이다.

언덕에 있는 허름한 야외 카페에 앉아 내려다보니 국경선을 가로지르는 나르바 강의 야경이 환상적이다. 작년에는 러시아 영토에 있던 섬이 에스토니아로 떠내려 온 보기 드문 일이 있었다.

나르바 아트 홀

러시아 이바노고로드 시의 수력 발전소에서 수문을 열었는데 바람과 조류에 떠밀려 에스토니아 영토로 흘러온 것이다.

이번 여행에서 기습적으로 쏟아지는 소나기 때문에 노이로제가 걸렸다.
햇볕이 반짝하다가도 갑자기 한두 시간씩 소나기가 지나간다.
나르바는 에스토니아에서 가장 러시아의 모습을 간직하고 있으며, 수도 탈린보다 더 깨끗하다.

이곳은 한자(hansa) 동맹의 중심지였고, 바로크식 건물이 주를 이루고 있지만, 작은 도시에 대형 마트와 눈에 거슬리는 카지노가 우후죽순 들어서 있다.
24시간 국경선이 개방되어 있어 걸어서 오고가는 사람들로 북새통을 이룬다. 하지만 나르바 기차역은 폐쇄된 지 오래이고, 버스터미널도 겨우 명맥을 유지하고 있다.

그런데 젊은이에게 러시아말로 길을 물으니 못 알아듣는다.
이곳뿐만 아니라 옛 소련 다른 공화국의 시골에 가면 이제는 러시아말을 못하는 사람들이 상당수 있다.
옛 소련이 해체되면서 영어나 다른 언어를 배우려는 젊은이들이 많아졌기 때문이다.
한 나라였으니 쉽게 배울 수도 있으련만, 정치적인 이유로 일부러 러시아말을 멀리 할 필요는 없다는 생각이 든다.

밤 10시가 넘자 거의 모든 가게와 카페들이 문을 닫고 국경선 옆에 있는 허름한 카페만 불을 밝혀 놓았다.

우리네 포장마차 같은 기다란 나무의자에 앉아 생맥주를 한잔 달라고 하자 주인은 기다렸다는 듯이 바람같이 달려온다.

주인과 나 단 둘이다.

나르바 강을 바라보며 생각은 달라도 서로 무슨 생각을 하는지 표정은 하나다.

고요한 나르바 성

유서 깊은 라크베레

아기자기한 라크베레 호텔 식당에서 아침식사를 하는데, 유럽인으로 보이는 머리가 하얀 세 쌍의 노부부가 옆 테이블에 앉아 정답게 식사를 하면서 나를 바라본다.

그들의 테이블 위에는 여행 책과 노트가 한 권 놓여 있다. 여행에 관한 얘기를 나누며 식사를 하는 그들의 모습에서 인생의 여유로움이 느껴진다.

여행을 하면서 늘 부러워하는 모습이다. 나 또한 세월이 흘러 이들처럼 풍요로운 시간을 갖고 싶다.

여행지에서 단체여행을 온 나이 지긋한 우리나라 사람들을 가끔 만난다. 그들은 대부분 먹고 마시고 그리고 백화점에서 쇼핑을 한다.

호텔 로비에서는 왁자지껄 시장 장터를 방불케 한다.

낮과 밤의 모습이 참으로 운치 있는 라크베레 트리니치 교회

　다 그런 것은 아니지만 아직까지도 여행 수준의 차이를 느낄 수 있다. 돈 있다고 어깨에 힘주고 다니는 것만큼 문화의 높이를 생각해야 하지 않을까.

밀랍인형이 걸어나올 것 같은 라크베레 극장

라크베레 황소

　도시가 생긴 지 700년이 넘는 유서 깊은 라크베레는 에스토니아에서 가장 중세적인 모습과 비옥한 자연을 간직한 곳이다.
　라크베레의 모든 간판들이 에스토니아어로 되어 있어 러시아어에 익숙한 나는 혼돈스럽다.
　그래도 나이든 사람들은 러시아어로, 젊은이들은 영어로 하니 편하다.

　러시아에서는 흔히 보이던 담배를 물고 다니는 아가씨들도 눈을 씻고 봐도 없다.
　신호등이 없는 건널목에서도 보행자가 있으면 차들은 우선 멈춘다.
　그리고 자동차 경적 소리가 전혀 들리지 않는다.
　옛 소련제 자동차도 눈에 띄지 않는다.

제2장 동화 속 나라 같은 에스토니아

라크베레 재래시장의 아주 작은 간이음식점이나 구두 수선집에서도 비자카드나 마스터카드를 받는다. 그만큼 투명하게 영업을 한다는 것이다.
　세계 방방곡곡에 널려 있는 중국, 일본 식당도 라크베레에서는 전혀 보이지 않는다.
　엄마 품안에 꼭꼭 숨어 있는 것 같은 아늑한 마을이다.

잔잔한 라크베레 중앙 광장

덴마크 사람들이 세운
수도 탈린

　또다시 억수같이 쏟아지는 비를 뚫고 에스토니아의 수도 탈린에 도착했다.
　하늘이 뻥 뚫렸다.
　뚫린 것이 틀림없다.
　하여간 양동이로 들이붓듯 줄기차다.

　비를 피해 터미널 지하식당에서 늦은 점심을 먹고 있는데, 옆에서 식사를 하던 중년의 남매가 내기를 한다. 자기들끼리 내가 중국인이라며 50달러를 건다.
　눈이 마주치자 중국인이냐며 러시아말로 묻는다.
　한국 사람이라고 하자 남한이냐 북한이냐, 아니면 고려인이냐며 궁금해한다.
　서울에서 왔다고 하자 포도주잔을 건네며 어디로 갈 거냐고 다시 묻는다.
　저렴한 호스텔을 찾는다고 하자 이리저리 전화를 하더니 터미널에서 가까운 곳이 있으니 안내해 주겠단다.

탈린 시청 건물

한국에서 탈린까지 기차와 버스를 타고 왔다고 하자 고개를 갸웃하며 이상한 사람같이 쳐다본다.

이들은 제냐와 졸라다.

구시가지에 있는 호스텔로 가려 했는데 그들이 안내해 준 곳은 구시가지에서 20여 분 떨어진 곳이다. 하지만 아담하고 깨끗했다. 특히 재래시장이 옆에 있어 마음에 들었다.

요금은 1인실 38달러로 49,500원이니 만만치 않은 가격이다.

역시 탈린 구시가지는 외국 여행자들로 발 디딜 곳이 없다.

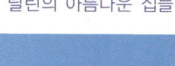
탈린의 아름다운 집들

중세풍의 성벽과 건물 위로 솟아 있는 탑들, 뾰족한 교회 첨탑 그리고 꼬불꼬불한 탈린 구시가지 거리는 14,15세기 분위기를 잘 간직하고 있다.

덴마크 사람들이 건설한 탈린이 오히려 덴마크보다 더 고풍스럽다.

카페와 식당이 몰려 있는 시청 광장은 여름에는 노천 카페로 변한다. 발트 해가 보이는 야외 카페 발코니에 앉아 차를 마시고 식사를 하는 사람들의 모습이 한 폭의 그림 같다.

괴짜들이 좋아하는 클래식 차

여름이면 관광객들로 붐비는 탈린 시청 광장

    카페와 관광객이 얼마나 많으면 프랑스 파리나 이탈리아 로마의 카페는 잊어버리고 에스토니아 탈린을 떠올리란 말을 한다.
    관광객이 많아도 정말 많다.
    나는 관광객이 북적이는 곳엔 오래 머물고 싶지 않다.
    이전에 들렀던 라크베레처럼 조용한 곳이 더 좋다.

    그림엽서를 몇 장 사서 어머니와 아내에게 안부를 전한다. 머나먼 곳으로 여행을 떠나올 때면 이렇게 그림엽서로 안부를 묻곤 한다.
    서울에서는 편지를 써야 할 이유가 없다.

아름다운 탈린 구시가지

　오래 전에는 누런 편지지에 꾹꾹 마음을 담아서 그리운 사람에게 편지를 보내곤 했으나, 요즘에는 특별한 상황이 아니면 종이에 글을 써서 보내는 것이 흔치 않다.
　간편하고 편리한 인터넷 세상이지만 직접 써서 보내는 편지나 엽서가 정감 있고 운치 있다.
　이 그림엽서가 도착하려면 몇 주는 걸릴 것이다.

　구시가지를 돌아보다가 관광객들이 너무 많아 산책을 포기하고 성 밖으로 나오니 한가하다.
　성 외곽에 있는 아기자기하고 소박한 공원에서 탈린 꽃 축제가 벌어지고 있다. 내 눈과 발길이 저절로 그곳에 멈춘다.

제2장 동화 속 나라 같은 에스토니아　111

낡은 간이의자에 앉아서 오가는 사람들을 바라보는 것이 내겐 최고의 영화 감상이다.
저녁 9시가 넘자 가게와 카페들도 거의 문을 닫고 관광객 몇 명만 눈에 띈다.
어제 들렀던 가게에서 간단한 음식과 음료를 사는데, 할머니가 나를 알아보고 반갑게 웃는다.
나는 여행지에서 머무는 동안 처음에 눈여겨본 곳에서 물건을 사는 버릇이 있다.
할머니가 러시아말은 어디서 배웠느냐며 웃으면서 물건을 건넨다.

점심 먹고 한 시간 정도 낮잠을 잔 탓인지 밤은 깊어 가는데 두 눈이 말똥말똥하다.
다음 여행지를 체크하고 책도 읽고 카메라에 담긴 사진을 본다.
디지털보다는 필름 카메라로 찍어 인화한 사진을 보며 여행할 때가 더 멋스러웠는데, 편한 세상이니 어쩔 수 없다.
십여 년 넘게 옛 소련 지역을 여행할 때는 고집스럽게 필름 카메라를 들고 다녔다. 아름다운 사진들을 들고 다니면서 여행을 할 때가 더 그립다. 지금도 디지털보다는 아날로그가 더 애착이 간다.

빨강, 파랑, 녹색 3개 노선으로 된 시내 투어버스를 타고 탈린을 세 방향으로 돌았다.
빨강 노선은 시내를, 파랑 노선은 근거리를, 녹색 노선은 원거리로 한 시간씩 시내 투어를 한다.
한 노선에 14달러 18,000원이고, 3개 노선을 한꺼번에 투어하면 24달러 31,000원이다.
투어버스 안내 아가씨들은 걸어다니는 통역기다.

아름다운 탈린 구시가지

조용한 시골 교회 같은 탈린 니굴리스테 박물관

탈린 구시가지 입구인 비루 문

러시아어는 물론이고 영어, 불어 그리고 독일어와 스페인어는 기본, 중국어와 일본어도 능통하다.

물어보니 투어버스 안내에 나오는 11개 외국어는 어느 정도 한단다.

툭 치면 웬만한 언어는 다 튀어 나온다.

우리나라에서는 유치원이나 초등학교 때부터 해외 어학 연수니 특별 과외를 한다.

특히 방학 때면 야단법석을 떨고 치맛바람을 일으키며 뛰어다녀도 제대로 안 되는 것 중 하나가 외국어다.

오늘 뉴스에도 특별과외를 하다 적발된 과외선생과 학생들의 얘기가 메인을 장식했다.

수백 아니 수천, 수억을 들여가며 외국에서는 상상도 못할 기상천외한 방법으로 특별과외를 하는 대한민국의 학생들이 이곳의 택시기사나 관광버스 안내원의 반의 반만 따라갈 수 있다면 대성공일 텐데, 아마도 어려울 것 같다.

이곳 사람들은 영어, 러시아어, 독일어는 자연스럽다.

우리나라의 웬만한 언어 전공자보다 낫다.

사실이다. 어쨌거나 무척 부럽다.

러시아도 그렇지만 여기서도 잘나가는 사업 중의 으뜸은 화장실 장사다.

대부분의 레스토랑이나 카페도 별도의 화장실을 사용해야 하며, 백화점에서도 우리 돈 900원을 내고 가야 한다.

식당에서도 반찬 하나 물 한 컵은 물론 사용한 물티슈 한 장까지 따로따로 계산을 하니, 음식 주문하면 몽땅 공짜인 세계 유일의 우리 문화로는 이해하기 어렵다.

언젠가 대한민국도 화장실 사용료와 식당에서 반찬을 주문할 때마다 값을 받는 날이 올까?

헬싱키나 스톡홀름에서는 30분 간격으로 축구장보다 더 큰 크루즈 선박을 타고 탈린에 이웃집 놀러오듯 한다.

그러니 이곳에는 내국인보다 관광객이 더 많아 보인다.

탈린의 구시가지 인구가 에스토니아를 다 먹여 살리는 것 같다.

러시아 전역의 천여 개가 넘는 일본 식당 스시 카페가 내내 신경을 건드리더니, 이젠 탈린 구시가지 가장 번화가에 스시 카페가 중국 식당과 함께 화려한 모습으로 손님들을 맞고 있다.

탈린 현대미술박물관으로 쓰이는 성탑

유리같이 맑은 탈린 자유의 탑

　이럴 땐 대한민국의 국력이 한없이 약해 보인다.

　위로는 핀란드 해협과 왼쪽으로는 발트 해 사이에 자리 잡은 우리나라보다 작은 나라지만, 개인주택들은 넓은 정원에 푸른 잔디가 시원하게 깔려 있고 집안 전체를 꽃으로 장식해 놓아 개인주택인지 화원인지 분간이 잘 안 된다.
　어른 허리 높이쯤 되는 담장이 수많은 꽃으로 장식되어 있어 마치 동화책 속에 나오는 마을 같다. 이런 곳에서 살아가는 사람들이 풍요로운 건 당연한 것 같다.

　어제가 에스토니아 독립기념일이라 주말까지 온통 축제다. 그래서 푸짐한 식사를 기대했는데, 오히려 제공되던 아침식사가 생략이란다.

　걷다 쉬고 또 걷다 쉬고 하루 종일 탈린 구시가지를 걸었다.
　호스텔 옆 재래시장에는 장 보러 온 사람들로 북적거리고, 양쪽 길가

탈린 성 카를 교회

에 벼룩시장이 열려 에스토니아의 냄새가 물씬 풍긴다.

저런 것들을 누가 살까 싶을 정도로 집에서 쓰던 낡은 물건들을 내다 팔고 있다. 심지어는 축 처지고 낡은 팬티와 브래지어도 사고 판다.

50년은 족히 되었을 소련제 카메라와 낡은 자명종 시계가 내 눈길을 사로잡는다. 주머니에 손을 넣었다 뺐다 한다.

탈린 신시가지에 있는 이색적인 건물

차이콥스키가 머물던 합살루

   탈린에서 합살루로 가는 도로 양쪽에 깔끔한 자전거 전용 도로와 보행자 도로가 함께 달린다.
   도시와 도시를 오가며 자전거 여행을 하는 사람들을 자주 만난다.
   자전거를 조립해서 관광버스 짐칸에 넣는 여행자들을 도와주는 운전기사 모습이 낯설기만 하다.

우거진 숲 사이로 자전거를 타고 달리는 모습을 보면, 얼마 전까지만 해도 옛 소련에서 독립한 나라라고는 믿기지 않는다.

북유럽의 어느 나라에 와 있는 듯한 착각이 든다.

신호등이 없는 쭉 뻗은 도로에서도 반드시 보행자가 있는지 살핀 후 지나간다.

그리고 아직까지 자동차 경적 소리를 듣지 못했다.

정말 대단하고 존경스럽다.

대한민국의 수도 서울에서 단 하루라도 자동차 경적 소리를 듣지 못한다면 기적 중의 기적 같은 일일 것이다.

그렇게 바라는 것 자체가 바보스럽지만 현실이다.

영화 세트장 같은 소박한 마을이자 차이콥스키가 여름이면 와서 머물던 합살루는 에스토니아에서 가장 낭만적이고 아늑하다.

합살루 대주교성 정면

합살루 대주교성 후면

겨울에는 너무 적막하고 고요하여 아무것도 움직이지 않을 것 같다.

넓은 정원에 사과가 주렁주렁 열린 나무들과 겨울을 준비하느라 장작을 쌓아 놓은 모습은 전형적인 시골 풍경이다.

담장이 없는 드넓은 자연 그대로의 투박한 목조 주택에선 여유로움이 절로 넘친다.

조그마한 마을에서 갤러리를 만났다.

작은 공장을 개조하여 1940-1960년대 화가들의 그림들을 전시해 놓았는데, 200점은 될 듯하다. 그림을 볼 줄 모르지만 멋지다. 수십 년이 흘러도 변치 않는 그들의 냄새가 난다.

이럴 때 러시아 사라토프에서 만난 사샤가 있었으면 도움이 되었을 텐데 아쉽다.

이곳엔 어느 장소든 금연 표지가 붙어 있다. 웬만한 곳은 다 금연이다.

물론 거리에는 담배꽁초가 없다. 담배를 피우지 않는 나는 진짜 마음에 꼭 든다.

이것도 우리가 배워야 할 점이다.

하늘 높은 청명한 가을날이다.

호스텔의 커다란 창문 밖으로 사과나무 위에서 새들이 손님을 반긴다.

핀란드를 비롯한 북유럽 여행자들은 이런 호젓한 호스텔에서 일주일이고 한 달이고 푹 쉬었다 간다.
가족들끼리 먹을 것을 준비해 가지고 와서 느긋하게 휴가를 보내고 간다. 나라와 나라를 오가는데 마치 시골집에 놀러온 듯하다.
자전거 타는 모습이 유난히 눈에 많이 띈다. 3인용 자전거에 아이들을 뒤에 앉히고 또는 연인끼리 친구끼리 자전거 타는 모습이 무척 다정해 보인다.
여기서도 자전거와 마주치는 자가용은 여지없이 멈춘다.

합살루에서 패르누까지는 가까운 거리지만 일요일 저녁 7시에 출발하는 버스 한 대밖에 없다. 옛 소련에 그 흔한 마르슈트카, 일명 미니버스도 없다.
정오에 체크아웃을 하고 나니 배낭이 문제다. 할 수 없이 버스터미널 화장실 안내소에 2시간에 3천 원을 주고 맡겼다.
화장실 가면서 돈 내고 화장실 안내소에 배낭 맡기면서 돈 내고, 하여간 대단한 화장실 사업이다.
합살루에서 눈여겨봤던 인도 봄베이 식당에서 싱가포르 국수와 에스토니아 사람들이 즐겨 마시는 싸쿠 생맥주와 생선찜을 먹고 나니 20%의 세금이 붙는다.

진짜 같은 합살루 기차역 박물관

패르누와 빌랸디

로우나 호스텔은 패르누와 가장 잘 어울리는 고성(古城) 같다.
예전에 그루지야 트빌리시를 여행하면서 묵었던 민박집에서는 창문 너머 새빨간 석류가 손에 잡힐 듯했는데, 패르누 호스텔의 창문 밖에는 탐스러운 사과가 주렁주렁 열려 있다.

패르누 아도독스 교회

패르누 세인트 케더린 교회

제2장 동화 속 나라 같은 에스토니아

예쁜 오솔길이 나 있는 빌랸디 세인트 폴스 교회

그리고 중앙아시아와 카프카스를 여행할 때 자주 만났던 곱디고운 할머니가 안내 데스크에 앉아 있는 것도 패르누와 잘 어울린다.

하지만 관광객이 몰려오는 이곳에도 어딜 가나 소형 카지노가 어지럽게 널려 있는 것이 옥의 티다.

빌랸디는 특별한 인연이 아니면 다시 여행하기 힘든 중앙 내륙에 있는 소도시다.

파란 잔디 위에 수많은 젖소들이 풀을 뜯고 있고, 그림 같은 시골집들이 듬성듬성 보인다. 어쩌면 저렇게 자연과 완벽하게 조화를 이룰 수 있을까 싶다.

가을이 깊어가는 탈린에서 남쪽으로 내려오면 여름이다.

빌랸디 한가운데를 가로지르는 팔자 호수를 끼고 많은 사람들이 벤치에 앉아 담소를 나눈다.

에스토니아 지방을 여행하면서 아쉬운 것은 지방과 지방을 오가는 버스가 하루에 몇 대밖에 없다는 것이다.

물론 오가는 사람들이 우리가 생각하는 것만큼 많지 않지만, 그래도 도시와 도시를 오가는데 좀 그렇다.

빌랸디에서 버스표를 샀다가 시간을 바꾸면 출발 전에도 40%를 뗀다. 휴~.

패르누 기차

이렇게 갤러리 같은 헬스클럽은 보기 드물다.

패르누 구시가지에 있는 동상

초록 언덕 위에 있는 빌랸디 세인트 존스 교회

위쪽_ 빌랸디 구시가지에 있는 동상들
아래쪽_ 빌랸디 박물관

제2장 동화 속 나라 같은 에스토니아

교육의 도시 타르투

에스토니아를 한 바퀴 돌아 맨 아래 교육의 도시 타르투에 머물고 있다. 수도 탈린 말고 인구 10만이 넘는 곳은 이곳뿐이다.

오늘 저녁은 근사한 야외 카페에서 하기로 했다. 그곳에 앉아 있는 내 모습도 좀 근사해 보이지 않을까.

그리고 커다란 창문으로 타르투 시내가 내려다보이는 호텔에서 오랜만에 편한 밤을 보냈다.

예전에는 반 년 가까이 여행을 다녀도 김치나 된장찌개가 생각나지 않았는데, 이번에는 겨우 2개월쨈데 우리 음식이 그리워진다.

옛 소련 지역 여행을 30대 초반에 시작해 40대 후반에 접어들었으니 그럴만도 하다.

상트페테르부르크에서 한국으로 먼저 돌아간 백형안 형님이 남겨 준 고추장이 이렇게 고마울 수가 없다.

마켓에 들러 고추와 상추를 잔뜩 사니 여직원이 이상하다는 듯 쳐다본다. 야채 봉투를 들고 호텔을 들어서니 안내 데스크 여직원과 경비원도 고개를 갸웃한다.

타르투의 사람을 배경으로 한 이색적인 건물

호텔 창가에 앉아 타르투 시내를 내려다보며 야채와 고추장을 버무려 먹는 맛을 어떻게 표현해야 할지 모르겠다.

물론 에스토니아 사람들이 즐겨 마시는 싸쿠 생맥주도 함께 한다.

미래에서 과거로 돌아온 것 같은 건축물과 사람들, 그리고 7,80년대 음악이 흐르는 타르투는 21세기를 살아가는 사람들과는 거리가 먼 것처럼 느껴지는 도시다.

과거로 돌아가고 싶은 사람들이 찾아오는 타르투다.

타르두 거리에서 만날 수 있는 조형물들
위쪽_ 아버지와 아들
아래쪽_ 와일드 앤 와일드

타르투 세인트 존스 교회

위쪽_ 키스하는 학생 동상 앞에서
아래쪽_ 타르투 대학교의 모습

시간이 정지된 듯한 타르투 시청 광장

타르투 대학 설립자 구스타브 2세 아돌프

에스토니아를 지나 라트비아로

 에스토니아 타르투에서 라트비아 리가로 출발하는 국제 버스는 하루에 두 대 있다.
 아침 6시 45분에 출발해서 오전 10시 45분에 도착하는 버스와 오후 5시 45분에 출발하여 저녁 9시 45분에 도착하는 버스다.
 호텔 데스크에 모닝콜을 부탁했더니 새벽 5시에 깨워 준다.
 체크아웃을 하는데 아침식사라면서 신선한 샌드위치와 주스와 과일을 포장해 준다. 전혀 생각지 않았는데….

 깨끗한 세련미와 성숙된 교양미가 넘치는 요조숙녀 같은 에스토니아를 떠나 이제는 라트비아로 간다.
 어쩐지 카프카스의 아르메니아로 가는 기분이 든다.
 왜 그런지 모르지만, 발트3국 중 가장 다이내믹하게 느껴져서 그런가 보다. 아르메니아도 그렇다.
 푸른 가우자 국립공원을 가로질러 4시간 만에 라트비아 리가에 도착했다.

시원한 리가 다우가바 반수틸츠 대교

국경선은 있되 검문소는 없는, 에스토니아와 라트비아 발가 국경선을 지났다.

단 한 명의 경찰이나 군인도 보이지 않고, 라트비아 발가에서 수도 리가로 들어올 때도 이상하리만큼 경찰차나 순찰차가 전혀 없다.

양쪽으로 빼곡한 숲을 지나 리가 시내로 들어서자 공사가 한창이다.

건물 벽면엔 온통 낙서투성이고 웬만한 도로는 새로 공사 중이라 시끌버끌하다.

색소폰과 기타와 바이올린을 연주하는 거리의 악사가 유난히 많은 리가 구시가지로 들어서자 마음이 가라앉는다.

거리 악사들이 정열적으로 연주를 한다. 마치 나를 반겨주기라도 하듯.

걸어가는 사람들의 모습이 활기차고 생동감에 차 있다.

어린아이부터 나이든 사람까지 구걸을 하는 이들도 당당하다.

수도 리가 구시가지 안내표지판에 '대낮에 술을 마시고 주정하다가 경찰한테 걸리면 250달러 내지 350달러 벌금을 내야 한다' 고 쓰여 있다.

술주정꾼들이 꽤나 말썽을 부리나보다.

200달러를 환전하니 96라츠를 준다. 1달러에 자그마치 0.48라츠다. 초강력 환율이다. 옛 소련 열다섯 공화국 중 으뜸이다.

달러나 유로화보다 비싸고, 물가는 런던을 뺨치고 모스크바는 저리가라다.

리가의 물가는 비싸다 못해 허리띠를 졸라매야 할 정도다.

밤 문화에 휩쓸려 잘못 놀다가는 발가벗기기 십상이다.

리가에서는 자린고비 정신으로 버텨야 한다.

여름이면 리가 돔 광장에는 심야 바와 노점 카페 등이 성황을 이뤄 한바탕 놀러온 관광객이라면 기분 좋게 쉬었다 갈 수 있다.
하지만 배낭여행자가 분위기를 내기란 쉽지 않다. 그래도 옛 소련 분위기를 느끼고 싶다면 오래된 빵과 칙칙한 플라스틱 컵에 싸구려 보드카가 있는 옛 소련 스타일 카페를 권한다.
내겐 그런 카페가 더 잘 어울린다.

많고 많은 호스텔 중에 가장 저렴한 구시가지 호스텔을 찾아 6인실을 예약하니 8라츠, 약 18달러다.
6인실에 자려면 밤새 들락날락하는 것도 신경 써야 하고, 바로 옆 길가의 떠드는 소리 때문에 잠을 설칠 수도 있다.

거리에서 술을 마시다 걸리면 벌금을 내야 하니, 아가씨들은 술을 사서 가방에 넣고 어디론가 사라진다.
경찰들은 두 눈을 부릅뜨고 공원 풀밭이나 으슥한 곳에 모여 있는 젊은이들을 찾아내아 신분증을 확인한 다음 바로 돌려보낸다.
경찰과 군인, 그리고 공안들이 곳곳에 쫙 깔려 있다.
거리에서 술주정하는 알코올중독자 때문에 리가가 노이로제에 단단히 걸린 모양이다.

제2장 동화 속 나라 같은 에스토니아

제3장

풋풋한 첫사랑 같은
라트비아

리가 피터 성당과 여행안내소 겸 검은 머리 길드

리가 박물관

라트비아 수도 리가에서

    리가는 다우가바 강을 사이에 두고 구시가지와 신시가지가 조화를 이루고 있다.
    구시가지를 따라 산책하듯 A지역을 걷는 데 5시간, B지역은 4시간 정도 걸린다.
    독일 사람들이 건설한 리가는 푸른 남색 톤이 감도는 묘한 분위기를 자아낸다.

800년이 넘은 도시여서 동상과 날카로운 첨탑이 솟아 있는 고딕 양식 건물들이 어찌나 많은지, 옛 소련 각 공화국에 우뚝 솟아 있던 레닌 동상만큼이나 다양하다.

다른 발트 국가의 수도인 탈린이나 빌뉴스보다 훨씬 더 다이내믹하다.

중국 유학 시절 라트비아 여성을 만나 결혼해서 1999년부터 리가에 살고 있는 최일영 한인회장을 만났다.

라트비아 교민은 현재 37명이지만 모두 대기업 주재원들로, 이곳에 살고 있는 실질적인 교민은 최일영 한인회장 단 한 사람이다.

그는 5년 간 중국에서 유학을 했으므로 부인과는 중국어로, 레스토랑 직원들과는 라트비아어로 말한다.

리가 칼리스 파테그스 동상에서

제3장 풋풋한 첫사랑 같은 라트비아

지금도 그렇지만 옛 소련이 붕괴된 후 보통 사람들은 알지도 듣지도 못하던 시절에 각 공화국에 들어가 어금니 꽉 깨물고 지금까지 꿋꿋하게 살아가는 지인들이 주변에 있다.

러시아와 중앙아시아는 물론 이곳 발트3국도 마찬가지다. 그리고 다음 목적지인 벨라루스나 우크라이나뿐만 아니라 카프카스 지역에서도 이제는 최고전문가가 되어 있다.

그렇게 되기까지 그들의 피나는 노력과 시간은 무엇과도 비교할 수 없다. 그래서 그들을 만날 때면 눈물나도록 고맙고 고맙다.

최일영 한인회장에게 노트북을 빌려 리가의 구시가지 시청 앞 벤치에 앉아 인터넷 검색을 하는데, 멋지게 차려입은 할아버지가 색소폰 연주를 하고 있다. 이국에서 듣는 감미로운 색소폰 소리에 알 수 없는 그리움이 울컥 밀려온다.

누가 6인실을 통째로 미리 예약해 놓아 12인실로 옮겼다. 완전히 쓰레기장을 방불케 한다.

공용 샤워실과 화장실은 물론이고 방 여기저기에 쓰레기가 널려 있다.

그리고 누구 것인지도 모르는 속옷들이 침대 위에 굴러다닌다.

자유분방한 건 좋은데 샤워를 하고 거의 반라로 돌아다니기도 하고, 다리를 쩍 벌리고 자고 있는 아가씨의 모습은 정말 가관이다.

최일영 한인회장

위풍당당한 리가 아카데미

위쪽_ 뾰족한 지붕 위로 아슬아슬하게 고양이가 앉아 있는 것 같은 고양이 빌딩
아래쪽_ 리가 그리스도 탄생 성당

내일 오후에 출발하는 라트비아 서부 끝자락에 위치한 벤츠빌스로 가는 버스표를 예약하고 터미널 옆에 있는 재래시장으로 향했다.
시장은 원통형 모양을 여러 개 연결해 놓은 것인데 무척 크고 넓다.
지하실까지 견고하게 만들어 놓아 옛 소련 시절 지하철을 방공호로 활용했던 것처럼 이곳도 그런 용도인 것 같다.

새벽부터 빗방울이 떨어지더니 또 비가 내린다.
정오를 넘어 비가 그치자 곧바로 다우가바 강 선착장으로 달려갔다.
강을 따라 리가 시내를 한 바퀴 도는 유람선 투어를 하기 위해서다.
배에 오르자 그 사이를 못 참고 다시 비가 내린다.
날씨가 흐려 아쉽지만 나무의자에 앉아 멀리 보이는 고성을 바라보고 있는데, 막 결혼식을 끝낸 신혼부부 일행이 유람선을 통째로 빌려 투어를 하는 모습이 눈에 들어온다.
이들의 손에는 맥주와 와인 잔이 들려 있고, 신부와 그의 일행들은 담배를 피워 물고 있다. 양쪽 부모들이 다 있는데도 말이다.
여기선 이상할 것이 없지만, 우리네 결혼식에서 신부가 담배를 물고 있다면 어떨까!

옆 침대에 프랑스에서 온 꼬마 아가씨 셋이 쉴새없이 재잘거려 신경이 쓰였는데, 오늘 아침에도 그 녀석들의 떠드는 소리에 잠이 깼다.
그것도 체크아웃 하기 30분 전인 11시 30분에.
12시가 넘으면 방값의 70%를 패널티로 지불해야 한다.
구시가지 벤치에 앉아 머리가 희끗희끗한 할아버지의 색소폰 소리를 언제 또 들을지 모르는 리가를 떠난다.

리가 세인트 자코브 교회

위쪽_ 리가 시청
아래쪽_ 리가 돔

리가 자유여신상

위쪽_ 리가 건파우다 타워
아래쪽_ 리가 음악 홀

리가 오래된 건물들

리가 오래된 건물

리가 라트비아 국립 아트 박물관

리가 구시가지

리가 1510년 세계 최초로 크리스마스 츄리를 싶었다는 장소

리가 테네멘트 건물

리가 그림형제의 동화 '브레맨 음악단에 나오는 동물들'로
아래부터 돼지, 개, 고양이, 수탉 모양을 한 조각

리가 리브 광장과 돔 광장의 아름다운 노천 카페   리가 시인 라이니스

위쪽_ 리가 아트 디자인 박물관   아래쪽_ 리가 시네마

리가 삼형제 빌딩

리가 시네마 극장

리가 스웨덴 문

리가 법과 대학

리가 라트비아 박물관

리가 세인트 존스 에반겔리칼 루터란 교회

리가 강가에서 바라본 구시가지

리가 방송타워

벤츠필스 그리고 쿨디가

 사람도 차도 거의 없고 깨끗한 거리가 오히려 이상하게 느껴지는, 인구 4만 명이 살고 있는 벤츠필스에 왔다.
 외국인들이 많아 시끄럽고 북적거리는 대도시는 아니지만, 시골 마을 같으면서도 부족한 것이 없는 이곳이 퍽 마음에 든다.

여행하는 황소

벤츠필스 공업지대

벤츠필스 자니스 파브리우스

무대 세트 같은 카페

벤츠필스 구시청사 중앙 광장

벤츠필스 세인트 니콜라스 성당

잘 정돈된 공원 벤치에 앉아 그림을 그리는 학생들이 눈에 들어온다.

내가 머물고 있는 올림픽센터 호텔에서는 아침 8시 30분에 기상벨이 울린다. 아름다운 멜로디가 아니라 꽤 귀에 거슬리는 소리다. 그것도 연거푸 두 번 울린다.

그 시간에 맞춰 아침식사를 하지 않으면 국물도 없다.

여기선 어울리지 않는 완전히 공산주의식이다.

새벽에 도착한 쿨디가에서 저녁 늦게 떠나려니 배낭을 보관할 장소가 마땅치 않다.

그 흔하던 공중 화장실의 안내소도 보이지 않는다.

기차역은 없고 버스 정류장만 있지 버스터미널도 없으니 막막하다.

할 수 없이 쿨디가에서 가장 큰 슈퍼마켓을 찾아가 안내원에게 문 닫기 전에 배낭을 찾아가겠다고 하니 어이가 없는 모양이다.

그러거나 말거나 떠맡기고 나왔다.

라트비아 어딜 가나 제일 먼저 눈에 띄는 것은 꽃으로 장식한 아름다운 거리 모습이다. 쿨디가도 마찬가지다.

마을 한가운데를 흐르는 작은 하천과 오래된 건물 때문에 쿨디가는 라트비아의 베네치아라 불린다.

쿨디가 시청

마치 서부 시대를 연상케 하는 쿨디가 구시가지 모습들

　아주 오래된 수백 년 된 건물들이 서부 시대의 무대 세트장처럼 보인다. 쿨디가에서는 세월의 흐름을 느끼지 못할 정도다.
　그 중에서 가장 오래된 카페에서 저녁을 먹고 배낭을 찾으러 가니 안내원이 예쁘게 웃는다. 내가 코미디언처럼 보이는지 계속 미소를 보낸다.

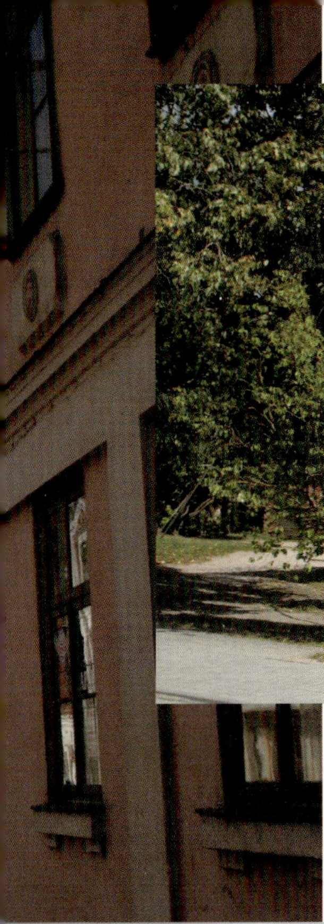

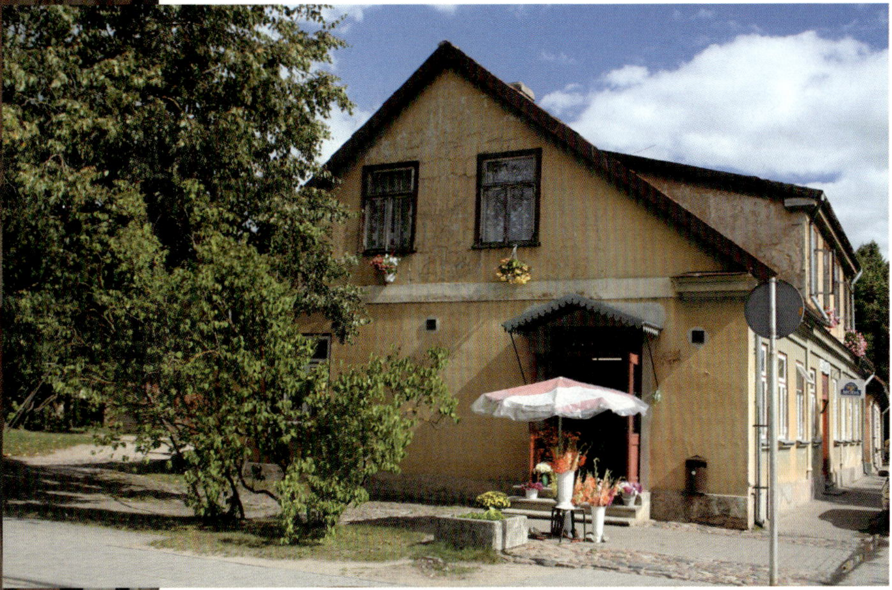

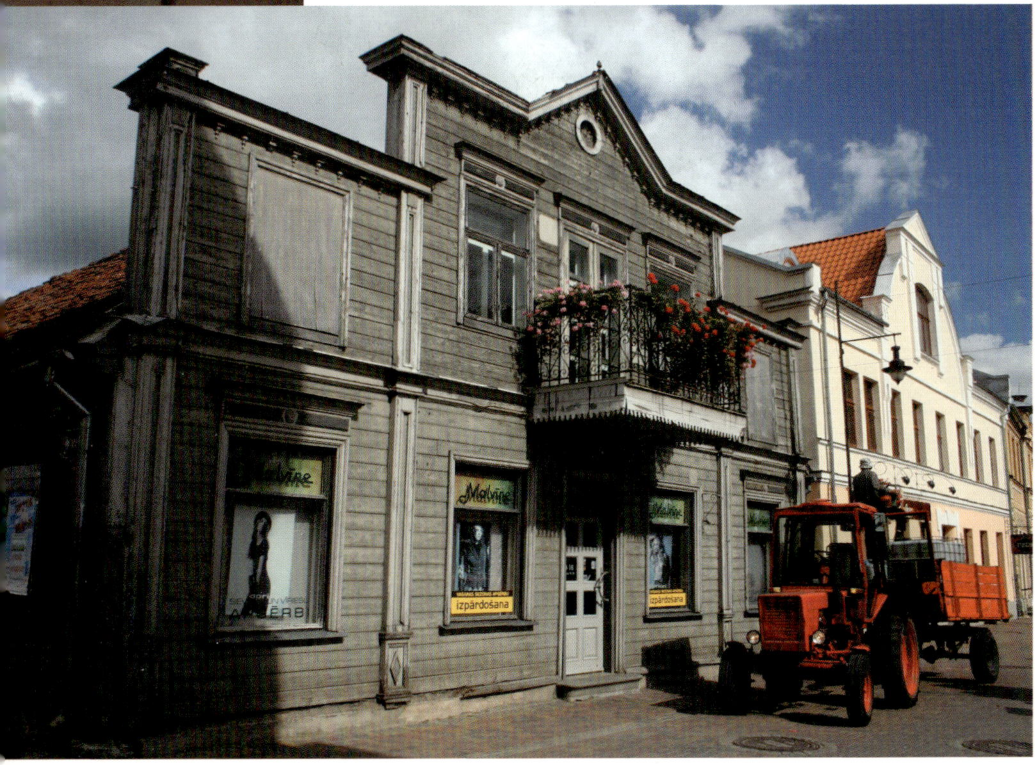
Malvīne
izpārdošana
Malvīne
izpārdošana

쿨디가 동방정교회 성당

쿨디가 성당

쿨디가 교회

항구도시 리에파야

라트비아의 최대 항구도시 리에파야에 도착하니 9월이 시작된다.

이곳에 제정 러시아의 발트 함대가 정박해 있었으며, 1905년 러일전쟁 때 이곳에서 출항해 수개월에 걸친 항해 끝에 부산 앞바다에 도착했지만 일본의 기습공격으로 무참히 패배해 수많은 라트비아 사람들이 부산 앞바다에서 최후를 맞았으니, 우리와 인연의 깊은 리에파야다.

가을이 시작되는 첫날.
리에파야 축제가 한창이다.
시내 한복판에서 오전 10시부터 시작된 축제는 해가 떨어져도 계속 이어진다. 아이 어른 할 것 없이 모든 사람들이 노래를 부르고 춤을 춘다.
리에파야 대학교 앞에 있는 공원에 앉아 이들의 축제를 바라보고 있으니 꼬마아이들이 내 옆을 서성인다.
아이들의 눈에는 이방인인 내가 신기한가 보다.

리에파야 축제에서

리에파야 축제에서

리에파야 트람바이

리에파야 구시가지

위쪽_ 리에파야 대학교
아래쪽_ 리에파야 지뷰거리의 라트비아 최고의 록카페인 록카페이치나

리에파야 세인트 안네 교회

리에파야 성 요셉 성당

리투아니아 팔랑가로

수도 리가뿐만 아니라 지방 어느 곳이든 건물에 낙서투성이고, 신호등이 있든 말든 차도 사람도 막무가내이며, 휴지통에는 쓰레기가 넘쳐 흐르는 라트비아를 저녁 8시 30분 버스를 타고 출발해 리투아니아의 팔랑가로 떠난다.

그래도 정돈되지 않아 제멋대로인 것 같지만 그 안에 질서가 있는 라트비아가 마음에 든다.

아무도 없는 텅 빈 리에파야 기차역에서 혼자 팔랑가로 가는 버스를 기다린다. 버스는 매일 저녁 8시 30분에 출발하는 것뿐이다.

커다란 대합실에는 화장실 청소하는 아주머니와 표 파는 아주머니 외에는 아무도 없다.

이 기차역 광장에서 출발하는 버스를 기다리며 배낭을 베개 삼아 누워서 책을 읽는다.

오른쪽으로 발트 해를 끼고 왼쪽으로 푸른 소나무밭을 지나 라트비아 니다와 리투아니아 스벤토지 국경선을 넘는다.

큰 국경선이 있었지만 근무하던 군경들이 철수한 지 꽤 오래 된 듯 싸늘한 적막감이 감돈다.

에스토니아와 라트비아 발가 국경선도 마찬가지다.

리에파야를 출발해 1시간 20분 만에 리투아니아 팔랑가에 도착하니 밤 10시다.

너무 늦어서 환전할 곳이 없다. 버스터미널 옆에 있는 모텔 문을 아무리 두드려도 대답이 없더니 잠시 후 불이 꺼진다.

두 번째로 찾은 애마 호텔은 소설에나 나올 법한 낭만적이고 소박한데 문이 닫혀 있다. 1층에 있는 카페도 먼지만 쌓여 있다.

세 번째 찾아간 메구마 호텔은 리모델링 중이다.

무거운 배낭을 메고 저렴한 호텔을 찾느라 두 시간을 왔다갔다하니 기진맥진이다.

다시 버스터미널로 돌아와 식사를 할 만한 카페를 찾아 보았으나 전혀 없어 배가 등에 붙었다.

이러지도 저러지도 못하고 가까이 있는 호텔로 가려고 다시 배낭을 메니 기운이 빠진다.

허벅지에 힘을 주고 눈에 띄는 호텔을 찾아 들어가니 간판에만 불을 켜 놓고 불이 들어와 있는 방이 없다.

문을 열고 들어가니 아무도 안 보인다. 안내 데스크도 잠겨 있고, 누구 없느냐고 소리를 지르니 잠시 후 나이 든 수위 아저씨가 나타난다.

사정을 말하고 하룻밤 머무르려 하는데 리투아니아 돈이 없어 여권을 맡기든 달러로 지불해도 되겠느냐 했더니, 수더분한 아저씨가 웃으면서 내일 환전해서 달란다.

휴~ 안도의 한숨이 나온다.

늦은 밤에 도착해서 잘 곳을 찾느라 기운 빼고 저녁은 쫄쫄 굶고 있는데 호텔 방에서 바로 내려다보이는 카페에서는 신나게 먹고 마신다.

제3장 풋풋한 첫사랑 같은 라트비아

빌뉴스 성당과 벨 타워

제4장

어릴 때 뛰놀던 뒷동산 같은
리투아니아

팔랑가 발트 해

리투아니아 최고의 휴양지 팔랑가

핀란드 만과 마주보고 있는 발트 해가 눈부시게 아름답다.
하얀 모래가 끝없이 펼쳐진 해안가. 사람들은 그 발트 해의 모래사장을 밟고 본따니컬 공원을 산책한다.

옛 소련 여러 공화국에 있는 아름다운 공원들은 공통적으로 '세계의 공원'이란 뜻을 가진 본따니컬이라 불린다.
발트 해의 추위도 아랑곳하지 않고 수영을 하고 있는 모습도 가끔 눈에 띈다.

이른 아침부터 좋은 자리에 앉아 그림을 그리려는 화가들이 몰려들어 재미있는 일이 벌어지곤 한다.
본따니컬 공원을 걷다 보니 가을 낙엽이 머리 위로 떨어진다.
아주 자그마한 이 도시도 겨울에는 한가하지만 여름에는 최고의 휴양지로 변신한다.

팔랑가에서 내가 묵었던 호텔

꽃들로 장식한 팔랑가 구시가지 모습

에스토니아에는 거리에서 술병을 들고 다니는 사람이 거의 없다.
라트비아에는 거리에서 마시고 싶어도 경찰들이 두 눈을 부릅뜨고 감시하니 술을 사들고 어디론가 사라진다.
하지만 리투아니아에서는 낮이고 밤이고 마시고 싶으면 어디서든 마시면 된다.

에스토니아 경찰은 그저 뒷짐만 지고 있고, 라트비아에서는 공원이나 거리에서 조금만 술에 취해 흐트러져 있으면 바로 집으로 보낸다.

리투아니아에서는 이런 것들은 전혀 신경 쓸 일이 아니다. 팔랑가도 마찬가지다.

1달러를 바꾸니 2.39리타츠다.
300달러를 바꾸니 717.46리타츠를 준다.

제4장 어릴 때 뛰놀던 뒷동산 같은 리투아니아 195

적막감이 도는 클라이페다

클라이페다 기차역

　클라이페다 호스텔은 한 방에 안쪽에 4명, 바깥쪽에 6명이 묵는다.
　호스텔의 방과 화장실 그리고 샤워실에는 '불을 끄시오', 부엌에는 '식사 후에는 반드시 설거지를 하시오', 냉장고에는 '남의 음식을 건드리지 마시오'라는 문구가 큼지막하게 적혀 있다.
　무질서하고 흐트러져 보이는 배낭여행자들이지만 지켜야 할 것은 잘 지킨다.

　넌더리가 날 만큼 따라다니는 비가 클라이페다에 머무는 중에도 계속해서 내린다.
　여행에서 날씨가 반 부조를 한다고 하는데, 이번에는 영 아니다.
　비가 오면 디지털 카메라도 조심해야 하니 다음 여행 때는 방수 카메라를 하나 더 준비해야겠다.
　슈퍼에서 갈비구이를 사 와 호스텔 주방에서 요리를 해 먹으니 다른 여행자들이 흘깃거리다 자리를 비켜 준다.

낮잠을 자려고 침대에 누우니 어머니와 아내의 얼굴이 떠오른다.
에스토니아 탈린에서 보낸 그림엽서가 도착했을지 모르겠다.

길을 걷다 보니 낙엽을 쓸고 있는 청소부의 손길이 바쁘다.
9월 초순인데 길 위에 낙엽들이 많이 쌓였다.
지나가던 사람들이 여행자를 반갑게 맞이해 준다.
어린아이처럼 순수한 사람들이다.
때론 차도 건네고 보드카도 권한다.
발트 길 위에서 만나는 사람들의 손길이 정겹다.

클라이페다 구시가지 모습들

리투아니아의 세 번째 도시인 클라이페다의 카페나 레스토랑은 텅 비어 있다.

가끔 관광객이 눈에 띄긴 하지만 구시가지는 썰렁하다.

땅거미가 밀려오는 구시가지 야외 카페에서 신사들이 멋들어지게 색소폰을 연주하고 있지만, 손님은 한두 명뿐이다.

그래도 이 구시가지에서 가장 잘 어울리는 모습이다.

다네 강에서 낚시를 하던 강태공들과 카누를 타던 청년들도 이 색소폰 소리에 맞춰 짐을 꾸린다.

겨울을 재촉하는 바람이 불자 이들의 옷차림도 두터워지고, 오후 6시인데 상인들은 벌써 짐을 꾸린다.

계속해서 흐린 날씨 탓인지 구시가지를 걷는데 몸이 찌뿌듯하다.

위쪽_ 클라이페다 전쟁기념비
아래쪽_ 클라이페다 자전거 타는 신사

위쪽_ 클라이페다 리투아니아 아치
아래쪽_ 클라이페다 구시가지 건물

클라이페다 범선

클라이페다 선원 동상

위쪽_ 클라이페다 드라마 극장
아래쪽_ 클라이페다 박물관

클라이페다 멋쟁이 모습을 한 굴뚝 청소부

클라이페다 구시가지 건물들

클라이페다 구시가지 모습

샤울레이와 돼지고기볶음밥

하루는 가을비가 부슬부슬 내리고, 또 하루는 천둥 번개와 비바람까지 불어 밤새 잠을 설쳤다.

그것도 모자라 클라이페다를 떠나는 날까지 계속해서 날씨가 흐리고 비가 내려 기분이 엉망이다.

자루비노에서부터 계속 따라다니는 비가 이제 정말 지긋지긋하다.

샤울레이의 근사한 식당에 들어가 메뉴를 보니 Korean Port라고 쓰여 있어 주문을 했다. 국물은커녕 반찬도 없이 돼지고기볶음밥이 나오는데, 8.4달러다.

이 음식이 어떻게 리투아니아의 조그마한 도시에 상륙하게 되었을까.

여종업원의 말이, 리투아니아의 돈 있고 힘 있는 사람들이 옛 소련이 붕괴된 직후 일본 식당을 차리게 되었는데 주방장을 고용할 때 일본인은 비싸고 중국인은 실력이 모자라, 인건비도 저렴하고 실력 또한 만만치 않은 한국인이 환대를 받았다고 한다. 그때 한국인 주방장들이 자주 해 먹던 돼지고기볶음밥이 지금까지 이어지게 되었단다.

샤울레이 선디알 광장

샤울레이 시청사

샤울레이 피터 폴 교회

샤울레이 세인트 조지 교회

샤울레이 구시가지에 있는 흉부상

재미있다.

옛 소련 공화국 중에 중앙아시아도 그렇지만 리투아니아에도 한국인 주방장과 결혼한 아가씨들이 제법 있단다.

샤울레이 시계탑 | 샤울레이 구시가지 모습
샤울레이 아파트

도시 탄생 506년을 맞은
파네베지스

밤새 내린 비로 촉촉이 젖은 잔디와 나무들이 싱그럽다.
푸른 밀밭을 지나 파네베지스에 도착해 보니, 도시 탄생 506주년 기념 축제가 한창이다.
오늘부터 사흘간 이 도시는 축제로 한껏 들떠 있을 것이다.
옛 소련 냄새가 나는 소비에트 호텔은 문을 닫아 버렸고,
네베지스 강 너머 얼마 전에 문을 연 저렴한 스멜리네 호텔에 가니
하루 숙박비가 105달러, 14만원이다.

발트3국의 수도에는 호스텔이나 게스트하우스가 잘 갖춰져 있지만, 소도시에는 싼 호텔이라도 배낭여행자에겐 벅차다.
그래도 지금까지 발트3국을 여행하면서 가장 멋진 방에서 묵게 되어 기쁘다.

파네베지브스 축제

그동안 구경도 못한 샤슬릭이 축제에 등장했다.

샤슬릭은 시베리아 횡단열차를 타고 오면서 아침저녁 매일 먹던 주식이다.

지난 10년 넘게 중앙아시아 카프카스를 여행할 때도 질리도록 먹은 이 샤슬릭에 보드카를 곁들이면 금상첨화다.

이슬람인 중앙아시아에서는 양고기 샤슬릭이 대부분이지만 카프카스에서는 아르메니아와 그루지야가 기독교 국가라서 어느 것이든 선택의 폭이 넓지만 대부분 돼지고기 샤슬릭을 먹는다.

발트3국에서도 다양한 샤슬릭을 먹을 수 있다.

파네베지스 구시가지 모습들

파네베지스 구시가지에 있는 동상

파네베지스 알렉산드르

위쪽_ 파네베지스 농가의 모습
아래쪽_ 파네베지스 로맨틱 호텔

제2의 도시 카우나스

도시 전체가 축제 분위기에 들떠 있는 파네베지스를 떠나, 서울에서 반갑게 만났던 서진석 아우를 리투아니아의 두 번째 도시 카우나스 그의 집에서 다시 만났다.

그는 폴란드어를 전공하고 바르샤바 대학교에서 발트어문학 석사학위를 받은 다음 에스토니아 타르투 대학교에서 비교민속학 박사과정을 이수한 학구파다. 지금은 카우나스의 비타우타스 마그누스 대학교 아시아지역학과에 재직하고 있다.

그는 영어, 폴란드어는 물론 발트3국의 에스토니아어, 라트비아어, 리투아니아어를 멋지게 구사하는 한국인으로서는 최초이자 최고인 보배로운 후배다.

마침 빌뉴스에서 6년째 살고 있는 일식 요리사 임대식 군도 자리를 함께 했다.

리투아니아의 문화 도시 카우나스에 나흘째 머물고 있다.

젊은이들이 네무나스 강가에 대형 멀티 텔레비전을 틀어놓고 농구 게임을 하고 있다.

그들은 남의 눈을 전혀 의식하지 않고 어디서든 입을 맞추고 사랑을 표현한다.

우리나라 젊은이들도 마찬가지지만, 나이든 사람이 한 마디 거들었다가는 오히려 민망한 꼴만 당한다.

우연히 현지인의 집에 점심 초대를 받았다. 옛 소련 사람들의 술과 담배 실력은 역시 대단하다. 이곳 사람들에게 빼놓을 수 없는 것이 보드카인데, 해가 떠오르는 아침이든 햇볕이 쨍쨍 내리쬐는 오후든 개의치 않고 보드카를 권한다.

그래서 독하디 독한 보드카를 마시고 몇 개월 여행을 하고 돌아오면 소주가 맹물같이 느껴지기도 한다.

한국 사람이나 옛 소련 사람이나 술 마시는 습관은 비슷한 듯하다.

OECD 국가에서 자살률이 제일 높은 대한민국이나 세계에서 자살률이 가장 높은 리투아니아나 알만하다.

카우나스 타운 홀

카우나스 비타우타스 교회

중세 기사가 반갑게 맞이해 줄 것만 같은 카우나스 성

카우나스 구시가지

카우나스 구시가지 모습들

카우나스 구시가지에 있는 게스트 하우스

카우나스 세인트 미하엘 아르헨겔 교회

카우나스 자유상

왼쪽_ 카우나스 비타우타스 조각상
오른쪽_ 카우나스 미콜라스 질린스키스 예술관

카우나스 리투아니아 대통령 역사 궁

카우나스 군사 박물관

카우나스 로우투세스 아이크스테 중앙광장

리투아니아의 수도 빌뉴스

리투아니아는 발트3국 중 가장 큰 나라이며 아일랜드와 비슷하다.
예루살렘이라 불릴 만큼 유대인들이 많이 살던 빌뉴스에 도착하자마자 먼저 구시가지에 있는 싼 호스텔을 찾아 8인실에 배낭을 푼다.

에스토니아 탈린이 아기자기하고 어여쁘다면, 라트비아 리가는 투박한 마을 같고, 리투아니아 빌뉴스는 ㄱ자 모양으로 길게 뻗어 있어 어수선하다.
반체제 조각상이 특히 많은 리투아니아에는 록 기타리스트이자 가수인 프랭크 자파의 조각상이 있다.
그는 하드록, 사이키델리, 블루스, 포크, 재즈, 퓨전, 현대음악에 이르기까지 80여 장이 넘는 앨범을 발표해 진보적이고 예측 불허의 음악을 들려 준 록의 전설이다.
"록 음악은 섹스다. 큰 소리의 비트는 신체의 리듬에 해당하는 것이다."
이렇게 외친 그는 포르노 옹호자라는 오해를 받아 법정에 서기도 했다.

그런데 이 미국 음악가의 청동 흉상이 왜 리투아니아 빌뉴스 네리스 강 남쪽에 세워져 있는지 모르겠다. 사람들에게 물어봐도 모르겠다고 한다. 나는 그것이 더 흥미로웠다.

빌뉴스를 돌아보는 것은 나중으로 미루고, 먼저 시내에 있는 옛 소련 전문 여행사를 찾아가 벨라루스와 몰도바 비자를 신청했더니 대한민국도 아니고 남한 사람은 절대 안 된단다.
트랜짓 비자도 안 되느냐 했더니 그것도 한 마디로 'NO!'
빌뉴스 기차역에 있는 유럽 배낭 전문 여행사에 도움을 요청했으나 방법이 없단다.

빌뉴스 시내 관광 투어 버스

제4장 어릴 때 뛰놀던 뒷동산 같은 리투아니아　241

빌뉴스 구시가지 모습

옛 소련을 여행할 때마다 그랬지만 이곳에서도 대한민국이 아니고 남한이 문제다.

10년 넘게 귀가 따갑도록 들은 말이다.

벨라루스 대사관을 찾아갔다. 정문에 줄을 서서 기다리는 사람들이 인터폰으로 호출을 하면 한 사람씩 들어간다.

내 차례가 되어 안으로 들어가니 비자 접수창구가 14번까지 널찍하게 있다.

빌뉴스 세인트 미하엘 교회

빌뉴스 베르나르디노 교회와 세인트 안네 교회 앞 아담 미키비치 동상

　남자 직원이 친절하게 특별한 여행자가 왔다면서 직접 비자 접수 여직원을 소개해 주었는데, 이만저만 상냥한 것이 아니다.
　그가 잠시 고민을 하더니 벨라루스 전문 여행사를 한 곳 메모해 주면서 잘 될 거라고 한다.
　그러나 일러 준 여행사로 바람같이 달려갔으나 이곳저곳 전화를 해 보더니 어렵다 한다.

제4장 어릴 때 뛰놀던 뒷동산 같은 리투아니아

왼쪽_ 빌뉴스 세인트 존스 교회
아래쪽_ 빌뉴스 네리스 강가와 세인트 라파엘 교회

빌뉴스 리투아니아 국립 오페라 발레 극장

다시 대사관 앞에 길게 늘어선 줄을 헤치고 들어가 그 상냥한 여직원에게 상황 설명을 하니 비자 담당 총책임자와 함께 나온다.

그리고 전화를 해 놓았으니 이곳에 가면 무조건 OK라며 메모지를 건넨다. 다시 적어 준 곳으로 가 보니 직원들이 기다리고 있다가 이런저런 질문을 한다. 내가 원하는 것을 부탁하고 비용을 지불하니 비자를 만들어 주겠단다.

벨라루스 초청 비자와 보험료를 포함해서 1일당 82달러. 그리고 비자 처리 비용으로 73달러를 지불했다.

제4장 어릴 때 뛰놀던 뒷동산 같은 리투아니아 247

빌뉴스 로마노프 교회

서류를 들고 직접 벨라루스 대사관을 찾아가면 비자를 내주지 않는다. 여행사와 대사관과의 관계가 있기 때문이다.

차를 마시며 기다리니 잠시 후 벨라루스 대사관을 다녀온 여직원이 여권을 건넨다.

비자 때문에 그야말로 다섯 시간을 고생했다.

전에 비하면 아무것도 아니지만, 세상이 점점 편해지니 이런 경우에는 신경이 쓰인다.

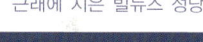

근래에 지은 빌뉴스 성당

빌뉴스 구시가지 모습들

　이곳 사람들에게는 그토록 무뚝뚝한 직원들도 외국 여행자에겐 친절하다. 불편일 수도 지나간 추억일 수도 있다.
　여기서도 몰도바 비자는 방법이 없단다.
　10여 년 전후에는 옛 소련 열다섯 공화국의 비자를 받으려면 머리에 지진이 났는데, 이제 몇 공화국 남지 않았다.
　이젠 진한 숭늉같이 구수한 옛 소련의 향수를 느끼게 한다.
　월요일 벨라루스에 입국하기 위해 유로라인 버스 티켓까지 예매해 놓으니 마음이 놓인다.

제4장 어릴 때 뛰놀던 뒷동산 같은 리투아니아　251

빌뉴스 구시가지

빌뉴스 소비에트 유산물    빌뉴스 리투아니아 에너지 박물관

이제부터 빌뉴스를 돌아볼 예정이다.

그런데 서울의 어머니가 병원에 한 달 간 입원했다가 퇴원하셨다고 한다. 노환이지만 마음이 아프다.

아내도 나의 빈자리를 채우느라 목소리가 여간 안쓰러운 것이 아니다.

그런데 자그마치 17,000원을 주고 산 국제카드가 단 5분밖에 쓸 수 없다. 서울 같으면 서너 시간 쓸 수 있는데 한국과 발트3국과의 관계를 짐작하게 한다.

이래저래 마음이 무겁다.

이제 발걸음이 빨라질 것 같다.

우여곡절 끝에 벨라루스 비자는 손에 쥐었고, 몰도바 비자는 우크라이나 키예프에서 준비해야 하므로 머리가 아픈 것도 그렇지만, 한 방에 8명이 묵는 다국적 호스텔 방에 말과 행동은 달라도 코고는 소리는 어쩌면 그리 똑같은지 모르겠다.

어제 왔다 오늘 떠나고 오늘 왔다 내일 떠나는 여행자들이 쉼터인 호스텔의 어지러운 풍경 중 하나다.

빌뉴스 게디미나스 타워

빌뉴스 리투아니아 국립 오페라 발레 극장

오늘은 먹고 싶은 음식을 요리해서 실컷 먹었다. 하지만 그 대가로 오후 내내 배를 움켜쥐고 화장실을 들락날락했다.

슈퍼에서 산 닭똥집을 기름에 볶아 소금으로 간을 맞추고 상추와 오이절임으로 점심을 먹었는데, 한 시간이 넘자마자 배가 아프기 시작하는데 참을 수가 없었다.

빌뉴스 구시가지에는 공중 화장실이라곤 단 네 곳뿐인데, 산책하다가 배가 아프면 보이는 호텔에 들어가 볼일을 보았다.

저녁에도 그 닭똥집에 보드카 한잔으로 저녁식사를 해결하니 널따란 주방 옆에서 저녁 식사를 하던 유럽의 다른 여행자들이 내 모습을 보더니 입맛이 뚝 떨어진 모양이다.

빌뉴스 루키스키이 광장

빌뉴스 세인트 케더린스 교회

빌뉴스 피터 폴 성당

　어젯밤 가을을 재촉하는 비가 내려 기온도 떨어지고 호스텔 앞마당의 자동차 위에 낙엽이 수북이 쌓여 있다.
　아침에 일어나 보니 8명이 자는 방에 밤새 들락날락하더니 2명을 제외하고 모두 배낭을 메고 또 어디론가 떠났다.
　남아 있는 2명의 침대 옆을 보니 책이 산더미같이 쌓여 있다. 무슨 도를 닦는 사람들 같다.

빌뉴스 세인트 테레사 교회

생김새도 한 사람은 허리까지 머리를 길게 늘어뜨리고 또 한 사람은 스님처럼 머리가 반질반질하다.

간혹 장기 투숙을 하는 그곳의 최고 전문가인 배낭여행자들을 만날 수 있다.

그들한테 물으면 낮과 밤의 모든 정보는 그들의 손 안에 있다.

빌뉴스 유즈피즈 천사　　　　　　　빌뉴스 새벽의 문

반대로 단체로 여행을 하는 그 지역의 경제를 살찌우는 관광객들 또한 빌뉴스 시내를 통째로 전세 낸 듯한 모습도 보인다.
　그러잖아도 주말을 맞아 이웃 국가인 북유럽에서 1박3일 또는 2박3일 일정으로 빌뉴스에 온 관광객들이 얼마나 많은지 구시가지 전체를 휩쓸고 있다.

빌뉴스 이젠 폐허가 된 이름 없는 교회　　　　빌뉴스 세인트 버진 교회

빌뉴스 갤러리

　보통 5,60명에서 많게는 300여 명까지 머리가 희끗희끗한 노인들로 구시가지가 하얗게 변할 정도다.
　호스텔도 시끌버끌, 구시가지를 산책해도 시끌버끌이다.
　이렇듯 서로 다른 모습으로 세상 구석구석을 찾아다니는 여행자들이 인상 깊다.

　노인들을 피해 한적한 공원으로 발길을 옮기니, 9월 중순 주말을 맞아 이번엔 결혼식을 마치고 사진 찍는 신혼부부들로 가득하다. 자세히 보니 초혼이 아니고 재혼이다. 드레스 색깔이 대부분 분홍빛이다.

신혼부부와 장인 장모, 시아버지와 시어머니 모두 함께 거리에 서서 샴페인을 마시며 담배를 피워 물고 대화하는 모습은 여전하다.
성당과 교회에서 들려오는 피아노 소리와 합창 소리가 구시가지에 울려 퍼진다.
이런 메아리가 나의 발걸음을 멈추게 한다.
오토바이의 명품인 할리 동호회 회원들이 타고 온 오토바이 약 100여 대가 오후 6시 야외 미사를 보고 있다.
주임 신부와 이들의 진지함에 찡하다.

이틀 뒤면 발트3국 여행의 마침표를 찍게 된다.
해놓은 빨래도 정리해야 하고 마음가짐도 다시 한 번 추스리고 발걸음도 가볍게 해야 한다.

할리 동호회 회원들이 타고 온 오토바이

빌뉴스 구시가지에 있는 조형물들

　호스텔 지하에 있는 주방에서는 10여 명이 넘는 배낭여행자들이 어울려 각자 준비한 차와 커피, 맥주, 보드카를 마시며 대화가 이어진다.
　그런데 끝은 모두 술로 마무리 짓는다.
　어딜 가나 똑같다.
　일요일이다. 오늘은 빌뉴스 마라톤 대회가 있고, 구시가지 한복판에서는 벼룩시장이 열리고 있다.
　오래된 건물에 자리 잡은 벼룩시장에는 이들의 생활을 엿볼 수 있는 손때 묻은 물건들이 수북이 쌓여 있다.

　중국 식당에 가서 양배추 국물을 주문하여 후춧가루와 간장을 넣어 시커먼 국물을 마시니 종원원들과 다른 손님들이 캑캑거린다.
　얼마나 우리 음식을 먹고 싶었으면 짜디짠 간장국을 들이마시는지 당

빌뉴스 빈카스 쿠디르카 동상　　　　빌뉴스 신시가지 겔러리 앞 광장

신들이 알겠느냐면서 후루룩 마셨다.
　그리고 차를 한잔 마시면서 지나온 일들을 돌아본다.
　시베리아 횡단열차를 타고 온 시간들과 발트3국을 돌아서 내일 아침 벨라루스 민스크로 떠난다.
　전 세계 독재국가 중 손가락 안에 드는 벨라루스를 시작으로 섹시한 여성 정치가가 있는 우크라이나를 거쳐 루마니아 동쪽 초승달 모양의 몰도바로 향한다. 자유스런 발트3국과는 분위기가 전혀 다른 지역이다.

　여행을 마치고 집으로 돌아갈 땐 우크라이나의 크림반도와 러시아의 볼가 지역을 횡단해 카자흐스탄의 동서 횡단열차를 타고 중국의 실크로드 열차를 탈 예정이다.
　늘 그랬던 것처럼 참으로 기나긴 대장정의 길이다.

빌뉴스 구시가지 게디미나스 상에서 바라본 성당 광장

빌뉴스 구시가지에서 바라본 신시가지

위쪽_ 빌뉴스 벼룩시장에서 만난 네 아가씨
아래쪽_ 빌뉴스 신시가지 갤러리

위쪽_ 빌뉴스 구시가지
아래쪽_ 빌뉴스 구시가지 성당과 벨 타워 정면

민스크 세인트 두크하우스키 성당

제5장
귀족의 미망인 같은
벨라루스

수도 민스크에서

1995년부터 리투아니아와 벨라루스와 인연을 맺고 15년째 이곳에 살고 있는 김정현 사장과 함께 빌뉴스에서 벨라루스 메디닌카이 국경선을 넘어 민스크까지 왔다.

그리고 그는 사무실로, 나는 우크라이나 키예프행 버스 티켓을 예약하기 위해 헤어지면서 서울에서 다시 만날 것을 기약했다.

머나먼 타국에서 지인들과 만나고 헤어지면서 이웃집 놀러갔다가 돌아오는 것처럼 간단하게 악수를 한다.

자주 만나지는 못하지만 서로 마음을 알기에 그런가 보다.

이심전심이다.

벨라루스는 편안하고 안락한 긴 의자에 졸린 듯 누워 있는 귀족의 미망인 같은 나라다.

또 전 세계 독재국가 순위에서 상위권에 올라 있는 나라 중 하나다.

북한, 쿠바, 미얀마, 짐바브웨와 함께 폭정의 전초기지 중 하나로 유럽 최후의 독재 정권이나.

그래도 나라 이름은 참 예쁘다.

하지만 비자 한 번 받으려면 여간 까다로운 절차를 밟는 것이 아니니 여행자의 발걸음이 쉽게 닿지 않는다.

민스크 구시가지 모습들

위쪽_ 소비에트 스타일의 민스크 벨라루스 호텔
아래쪽_ 민스크 체육관

화폐단위가 또 신경 쓰인다.

에스토니아는 1달러에 10.85에스티.

라트비아는 1달러에 0.48리츠.

리투아니아는 1달러에 2.38리타츠.

그런데 벨라루스는 1달러에 자그마치 2,870벨라루스 루블이다.

화폐단위가 1원 단위에서 묵직한 종이돈 수천 단위로 뛰었다.

민스크에 도착하니 청명한 가을 날씨가 나를 반겨준다.

시원스레 뚫려 있는 왕복 8차선 도로 양쪽에는 국민들에게 저렴하게 공급할 깨끗한 아파트 단지가 들어서 있다.

벨라루스 호텔은 옛 소련의 전형적인 모습이다.

이런 호텔에 머물 땐 타임머신을 타고 그 시절에 와 있는 느낌이다.

아침식사는 정해진 것 외에 물 한 모금이나 차 한 잔 더 마시면 돈을 내야 한다.

종업원들은 무뚝뚝하기 이를 데 없고, 카운터 아가씨는 식사하는 사람의 방 번호와 인원 수를 체크하느라 여념이 없다.

청소하는 아줌마는 청소를 할 것이니 열쇠를 달라고 명령조로 말한다.

오랜 만에 경험을 하다 보니 이런 일들도 새롭다.

해가 떨어지고 날이 어두워지면 넥타이 부대들이나 미모의 아가씨나 점잖고 품위 있는 중년 신사 할 것 없이 손에 커다란 맥주병과 먹을 것을 사들고 공원이나 도로 벤치에 앉아서 먹고 마신다.

특히 민스크 한가운데 자리 잡은 스비슬라취 강 주변은 늘 사람들이 북적거려 무슨 일이 일어난 것처럼 착각할 정도다.

옛 소련 공화국 중 이제는 몇 개 남지 않은 민스크 승리 오벨리스크

서쪽엔 EU에 가입한 동유럽과 북쪽으론 한때 한 나라였던 자유분방한 발트3국이 있고, 남쪽에는 러시아와 으르렁대며 나토 가입과 EU에 가입하려는 우크라이나 사이에서 이곳 젊은이들의 속마음이 얼마나 부글부글 끓을까 짐작이 간다.

밤새 마시고 나면 그 자리엔 쓰레기와 깨진 병조각들이 널려 있다.
하지만 다음날 깨끗하게 청소가 되어 있다.
독재국가의 특징이다.

스비슬라취 강가 야외 카페에 앉아 건너편의 무리들을 바라보며 샤슬릭에 생맥주를 한잔 하는데, 젊은 시절 내가 무척 좋아하던 록큰롤 음악이 들려온다.
20대 때 록큰롤과 언더그라운드와 헤비메탈에 빠졌었다.
삐걱거리는 LP판을 틀어주는 호프집과 카페에서 친구들과 어울리던 시절이 새삼 떠오른다.
무슨 할 얘기가 그렇게 많았던지 밤새 마시고 떠들고 하던 그 시절이 그립다. 디지털 세상인 지금보다 아날로그인 그때가 더 인간미가 있어 그런가 보다.
수집한 LP판과 팝 관련 책들이 몇 박스는 되었다.
30여 년 전 통기타가 갖고 싶어 아르바이트를 하고 용돈을 아끼고 아껴 당시 수십만 원을 주고 구입한 수제 통기타를 지금도 가지고 있다.
그 먼지 묻어 있는 기타를 바라볼 때마다 추억의 흑백 사진들이 주마등처럼 스친다.

위쪽_ 민스크 무역회관
아래쪽_ 민스크 오페라 발레 극장

깊은 밤 8층 호텔 방에서 스비슬라취 강과 민스크 시내가 한눈에 들어오는 멋진 광경을 보니 저절로 과거와 지금과 내일의 생각에 잠긴다.

예전에 재즈 음악을 들으며 아르메니아에서 예레반 야경을 바라보던 추억도 떠오른다.

다른 사람들은 독재국가나 사회주의 국가에 여행 가는 것을 부담스럽다고 하는데, 나는 좋아한다. 나와 잘 맞는 것 같다.

호텔에서 아침을 먹고 후식으로 나온 요플레를 보니 2주가 지난 날짜가 찍혀 있다. 조각같이 콧날이 오똑한 종업원에게 날짜가 이렇게 지났는데 문제없느냐고 하니, 잠시 후에 와서 하는 말이 잘 보관했으니 먹든지 말든지 하라는 것이다.

다른 사람들은 아무 말 없이 먹는데 왜 당신만 그러냐는 눈빛이다.

언제나 만원이고 예약을 해도 힘든 일본 스시 카페에서 점심을 먹는다.

민스크에 있는 동안 자주 들렀더니 여자 종업원이 상냥하게 자리를 하나 만들어 준다. 얼마나 사람이 많은지 주문한 음식을 사가지고 길가 벤치에 앉아서 먹는 사람이 많다.

우리나라에서 그러면 정신 나간 사람으로 오해받기 십상이다.

식사를 마치고 계산을 한 다음 호텔에 돌아와 계산서와 거스름돈을 확인해 보니 분명 내가 주문한 메뉴와 계산이 틀리다. 거의 두 배 가량 차이가 났다.

다시 확인을 해 봐도 마찬가지다.

스시 카페에 가서 자초지종을 말하니 매니저가 당황해하며 정중히 사과하고 차액을 돌려준다.

종업원이 실수로 인상 전의 메뉴판을 나에게 보여 주고 계산은 인상 후의 메뉴판으로 해서 차액이 발생했단다.

저녁도 그 스시 카페에서 했다. 종업원이 상냥하게 인사를 한다.

식사 주문을 하면서 실수한 음식 값을 매니저에게 다시 돌려주라고 하면서 지금 시키는 메뉴는 문제없냐고 하니 빙그레 웃는다.

잠시 후 내가 주문한 음식 중 찻잔같이 조그마한 그릇에 나오던 어묵 국물이 이번에는 세숫대야같이 큰 그릇에 나왔다. 서비스란다.

음식을 먹고 나가는 손님들에게 이곳 직원들은 두 손을 정중히 모으고 일본말로 깍듯이 인사한다.

스시 카페의 벽에는 고풍스런 일본 전통 사진들이 전시되어 있다.

저절로 일본 음식과 문화가 전파된다.

내가 머무는 벨라루스 호텔 앞마당에도 자그마한 일본 테마 공원이 있는데, 여간 정성을 들이는 것이 아니다.

대단들 하다.

이렇게 여행을 하는 동안 김밥과 김치는 물론 독도도 일본 것이라는 이 사람들의 생각에 나도 고개가 끄덕여질 정도다.

우리 한식을 세계화한다면서 비빔밥이나 불고기를 내세울까 한다거나, 한식 세계화는 우리 문화까지 알리는 것이라든가, 발효 음식인 간장, 된장, 고추장은 사람의 몸에 좋다는 말만 한다거나, 한식이 일식보다 낫다고 하는 귀에 따가운 그런 소리는 없었으면 한다.

세상을 여행하다 보면 유명한 호텔뿐만 아니라 지구 구석구석 뒷골목까지 일식당과 중식당은 보고 싶지 않아도 먹고 싶지 않아도 언제든 눈앞에 있다.

민스크 승리 광장

대한민국의 유명 호텔에도 한식당보다 일식당이나 중식당이 더 많을 것이다.

간혹 뉴스에 나오는 세계의 유명 도시에서 어쩌다가 한식 축제를 하면서 자화자찬을 하는 모습을 볼 때 참으로 안타깝다.

세계화, 세계화, 목청만 높이고 한국 식당은 가뭄에 콩 나듯 보다 못하다.

이것 뿐만이 아니다. 독도는 더하다.

일본 땅인 것을 왜 한국 땅인 것처럼 우기는지 모르겠단다.

정말 말도 안되는데, 이곳 사람들이 그렇게 생각하고 믿기까지 우리는 뭘 했는지 모르겠다.

왼쪽_ 꽃 파는 아가씨가 이 정도이면 민스크의 아가씨들이 얼마나 아름답겠는가!
오른쪽_ 우아한 숙녀상에서

민스크 충혼탑과 성 모자 상

제5장 귀족의 미망인 같은 벨라루스

스비슬라취 강가 야외 카페에 앉아 있는데 꽃을 파는 아가씨가 장미꽃을 들고 나타났다. 그런데 예뻐서 숨도 못 쉴 정도다. 세상에!

1999년에 중국 신장 지역의 이닝을 여행할 때도 눈이 시리다 못해 아예 실명할 정도의 아가씨를 만난 적이 있다.

2009년 이렇게 또다시 10년의 세월이 흘러 눈부시게 아름다운 아가씨를 벨라루스 민스크의 스비슬라취 강가 야외 카페에서 만난다.

변한 건 세월이다.

밝은 햇살을 보며 일어나 샤워를 하고 나온 사이 갑자기 천둥번개가 치고 소낙비가 내린다.

걸어가는 아가씨의 손에 맥주병과 노랗게 물든 낙엽이 들려 있다.

맥주병과 낙엽이 썩 어울린다.

걷다보니 발에 툭 걸리는 것이 있다. 잘 익은 먹음직스러운 밤이다.

그런데 민스크의 밤은 한 알에 여러 개가 들어 있는 것이 아니고 한 알에 한 톨씩 들어 있다.

오후에는 벨라루스 주재 한국대사관의 김효섭 영사를 만났다.

이곳에 한국대사관이 생긴 지 1년 10개월밖에 안 되어 할 일이 참으로 많단다.

늦은 오후에는 모스크바에서 민스크에 온 지 35년 된 벨라루스 고려인 협회장인 이 기미 디누예브나를 만나 고려인들에 대한 얘기를 들었다.

마침 10월 초 세계한인회장 모임이 서울에서 개최되어 참석 예정이라는데, 내가 계속 여행 중이라 민스크든 서울이든 다시 만날 약속을 뒤로 하고 헤어졌다.

민스크 세인트 로만 성당

제5장 귀족의 미망인 같은 벨라루스

민스크 구시가지 모습들

우크라이나 수도 키예프로

　여행 천국 발트3국에 비하면 칙칙하고 어둡고 모든 것이 옛 소련 그대로인 민스크를 도착할 때와는 달리 가벼운 마음으로 떠난다.
　민스크에서 우크라이나 수도 키예프로 가는 버스 안은 할아버지 할머니들로 가득하다.
　그들은 곡괭이와 삽, 빗자루, 고무대야 등 집안에 필요한 물건들을 사 가지고 집으로 간다.
　나이 든 노인들은 어디서나 한 나라였던 옛 소련 시절의 이야기를 하느라 귀가 따갑다.
　나에게는 국제 버스지만 이분들에게는 시골 장터에 다녀오는 하루에 한 번 오는 버스다.

　벨라루스의 마지막 도시인 고멜에서 40여 분 정차할 때, 가까운 재래시장으로 달려가 냄새는 지독하지만 먹음직스러운 생선 말린 것을 하나 사들고 왔다.

민스크 구시가지 모습들

민스크 음악 홀

민스크 박물관

민스크 아카데미

민스크 벨로루시 기술 농업 대학

시끄러운 버스 안에서 이들과 어울리면서 식빵과 함께 먹으면 짭짤한 맛이 그만이다.

민스크에서 키예프 국경선을 통과할 때 나 때문에 거의 두 시간이 걸렸다.

벨라루스 국경선에서는 이곳 사람들은 3,4초면 직인을 찍어 주는데, 나는 여기저기 전화하여 확인하더니 10분이 지나서야 여권을 준다.

우크라이나 국경선에 도착하니 버스 안에서 걷어간 여권을 다 돌려주고는 군인이 나를 부르며 내리란다.

사무실로 데려가서는 남한이냐 북한이냐고 묻는다.

무비자는 맞지만 세관 책자에 그냥 한국으로만 되어 있다며 묵직한 책을 계속 보고 있고 상사는 바우처까지 들먹인다.

2년 전에 사라진 것들인데 아마도 이런 경우가 흔치 않다보니 헷갈리는 모양이다.

한참만에야 웃으며 문제없으니 가라고 한다. 이럴 땐 나도 그냥 웃는 것이 상책이다.

내가 헷갈리는 건 버스 안이다.

버스 안에서 계산하는 버스비를 도저히 계산할 수가 없다.

1달러를 계산하면 러시아는 30루블, 벨라루스는 2,780벨라루스 루블, 우크라이나는 8.7흐루부니아로 각각 환산해서 각 정류장마다 계산을 하는데 세 나라 화폐가 동시에 오간다.

남자 차장과 손님들이 계산기를 들고 서로 맞는지 틀리는지 계산을 하는데, 보는 것만으로도 어지럽다.

민스크 네잘레쉬나스찌 광장

민스크 구시가지 모습들

민스크 공화국 광장

우크라이나 체르미히브 첫 번째 도시에 도착하니 상인들이 우르르 내린다.

모서리에서 사람들이 웅성웅성거려 가 보니 환전상이 나와 돈 장사를 한다. 암달러상이다.

세 나라 화폐뿐만 아니라 달러나 유로화까지 환전을 하는데, 바로 옛 소련 해체 후 각 공화국에서 흔히 눈에 띄던 모습이다.

이것도 이젠 거의 찾아볼 수 없는 추억의 모습이다.

주머니에 남아 있던 러시아 1,000루블을 주니 260흐루부니아를 준다.

이번엔 5,000벨라루스 루블을 주니 피식 웃으며 15흐루부니아를 준다.

민스크에서 고멜까지 약 230km, 국경선을 넘어 키예프까지는 약 220km다. 약 550km를 슬금슬금 엉금엉금 달려 옛 소련 붕괴 후 사라져 가는 모습들과 석양이 땅 끝에 떨어지는 황홀한 모습을 보며 13시간 만에 우크라이나 수도 키예프에 도착했다.

이번 여행을 하는 동안 중심지에서 가장 먼 곳에 숙소를 잡았다.

버스와 지하철을 타고 3,40분은 가야 하는 제법 먼 거리인데, 싸구려 호텔을 찾으려니 어쩔 수가 없다.

민스크 구시가지

민스크 축구장 입구

민스크 세인트 사이몬 성당

민스크 도서관

민스크 독립 광장 레닌 동상

민스크 성당

민스크 구시가지

민스크 까마라브스키 시장

나들이 가는 민스크의 꼬마 아이들

민스크 구시가지 모습들

제5장 귀족의 미망인 같은 벨라루스 309

나는 나의 희망을 이어간다
나는 나의 길을 이어간다
나의 생각이 가끔 다른 곳으로 가고
잠을 못 자게 하기도 하고
밤에는 더 불안하다

하지만 그것이
나의 희망인 것을
알고 있기에
그것을 이어갈 것이다.

멀리서
빛이 보이고
그 빛은 내 희망을
이루어 주리라.

- 러시아의 시인 올가 파르탈라

민스크 세인트 메리 마그데린 교회